农业农村现代化调研报告
2020—2022
（华北卷）

Report of Agricultural and Rural Modernization Surveys
2020—2022
（North China）

华中农业大学经济管理学院
华中农业大学宏观农业研究院 　编著

中国农业出版社
北　京

《农业农村现代化调研报告 2020—2022（华北卷）》编委会

项目领导小组

组　长：青　平　李谷成

副组长：游良志　颜廷武　熊　航　乔光华

编辑委员会

主　编：熊　航　李谷成

副主编（以姓氏拼音为序）：

陈　琳　刘驭棋　芦旭然　沈思利　陶　慧

徐保东　杨　鑫　张　博　张晓雯　赵雅琴

参　编（以姓氏拼音为序）：

白恩泽　曹　海　高予臻　洪齐璐　胡　琼

金　梅　刘　俊　路　奇　潘珈承　孙　诚

魏浩东　吴恩喆　吴尚岐　谢　素　杨博文

于雅雯

致　谢

　　本报告以华中农业大学经济管理学院、华中农业大学宏观农业研究院、内蒙古农业大学经济管理学院组织的 2020—2022 年在内蒙古自治区鄂尔多斯市鄂托克前旗、内蒙古自治区巴彦淖尔市乌拉特前旗农村进行调研时所获取的数据为基础撰写。

　　调研获得了国家自然科学基金项目（编号：72173050）、内蒙古自治区科技重大专项（编号：20YJC790152）、教育部人文社会科学研究一般项目（编号：20YJC790152）、华中农业大学自主科技创新基金项目（编号：2662022JGYJ003）的资金支持。调研的顺利实施和持续开展得到了华中农业大学研究生院、华中农业大学科学技术发展研究院的大力支持。

　　感谢内蒙古自治区鄂尔多斯市鄂托克前旗农牧局、鄂尔多斯市鄂托克前旗大数据中心、巴彦淖尔市乌拉特前旗农牧与科技局对历次调研所提供的支持！特别感谢北京芸播士科技有限公司、内蒙古禾兴农牧业责任有限公司对调研诸多环节所提供的帮助！

前　　言

　　加快推进农业农村现代化是推进中国式现代化的题中应有之义，没有农业农村现代化，就没有国家现代化。农业农村现代化进程，直接关系到社会主义现代化的目标实现进度和质量成色。当前，农业现代化依然是"四化同步"的短腿，城乡发展不平衡、农村发展不充分仍是社会主要矛盾的主要体现，农业农村仍是社会主义现代化建设的突出短板。数字乡村是伴随网络化、信息化和数字化在农业农村经济社会发展中的应用，以及农民现代信息技能的提高而内生的农业农村现代化发展和转型进程，既是乡村振兴的战略方向，也是建设数字中国的重要内容。开展推进农业农村现代化相关工作，离不开对我国农业农村现代化发展现状的观察和调研。

　　为了深入了解我国农业农村网络化、信息化和数字化建设现状，有针对性地探索数字乡村的发展路径和模式，支持国家和地方的数字乡村建设，深化农业农村发展的学术研究，华中农业大学宏观农业研究院、华中农业大学经济管理学院、内蒙古农业大学经济管理学院于 2020 年和 2022 年组织师生在内蒙古自治区鄂尔多斯市鄂托克前旗和巴彦淖尔市乌拉特前旗的 11 个乡镇（苏木）130 个自然村开展农业农村现代化跟踪调查［Agricultural and Rural Modernization Surveys（ARMS）］。本调研报告主要依据调研所获得的数据撰写。

　　本调研遵循严格的随机分层抽样原则和科学规范的抽样方式产生调研样本。具体而言，首先在乡镇层面，根据县级行政单位的第一产业生产结构，选出地处农业种植区域的 11 个乡镇/苏木。在村级层面，根据自然村人口、土地面积以及经济发展情况等指标，随机选出130个样本村。在农户层面，根据样本村农业种植户总名单，随机选出10户左右农户进行问卷访问。由此，本调研共有130个样本村和1 300余名样本户。

本调研问卷由样本村问卷和农户问卷构成。问卷内容包含样本村与农户基本情况，如农户家庭基本情况、农户农用机械使用情况、农业生产经营条件、农业生产经营投入产出、农业技术推广情况、农户互联网使用情况、农业资源环境态度等方面。基于问卷内容，本报告共计七个部分。第一部分为样本村概况，涉及村级人口、土地、水资源、基础设施、农技推广情况和生产经营情况，描述了样本村的发展概况。第二部分包含农户生计资本概况，根据生计资本的组成部分，从人力资本、自然资本、物质资本、金融资本和社会资本五个方面描述农户的基本经济社会特征。第三部分为农业生产经营情况，按照种植业和养殖业展开农业生产经营状况的分析，包含农业生产全过程的投入产出情况和农用机械使用情况。第四部分为农业农村数字化发展情况，从农户互联网使用、数字素养方面展开分析。第五部分为农户资源环境认知情况的分析，包含农户对种植环境和亲环境技术的认知。第六部分为农业技术推广情况，分析了农户农业技术培训的现状、培训意愿、培训评价以及智能水肥一体化技术培训的情况。第七部分为农情遥感监测分析，包含耕地地块变化、农作物类型识别以及农作物长势监测。

本调研报告从村级层面和农户层面得到以下主要结论：

一、村级层面

样本村农业总体发展势头良好，种植业经济效益提高，粮食产量增加，农产品品种品质不断优化；农业技术不断发展，农业布局有一定的集约化趋势，农业机械化程度较高，灌溉条件不断优化；基础设施不断完善，实现了高速公路和通信网络全覆盖。但各样本村在自然资源利用上有较大差异，特别是在水资源使用上，各村的使用效率不一；同时，各地区农业抗风险能力较弱，易受到自然灾害的影响。

二、农户层面

（1）调研区域农户生计资本状况总体较好，不同类型生计资本之间差异较大。调研农户自然资本、物质资本、金融资本以及社会资本较为丰富，但受制于人力资本，尤其是人口老龄化，存在农业发展活力和可持续性不高的问题。因此，应加大人力资本的培养，制定农业生产相关优惠政策，优化调研区域农户的生计资本结构，为农业农村发展注入源源不断的活力。

（2）调研区域农业生产经营种养结合度较高，主要耕作作物以粮食作物（玉米）为主，养殖业以羊为主。在种植业生产经营中，农户种植规模总体较大，主要的投入以化肥投入、机械投入、灌溉投入为主。在养殖业生产经营中，养殖初期投入较大。因此，减小农业生产经营中的流动性约束、进一步优化农业生产结构，对提升农业经济效益具有重要意义。

（3）调研区域农户互联网使用较为普遍，但农户的综合数字素养不高。互联网在调研区域取得了广泛的使用，主要网络活动为社交娱乐和浏览新闻，较少将互联网作为农业生产工具使用。因此，应进一步完善互联网基础设施，加大对农户互联网使用的宣传和培训，提升农户的数字素养，促使互联网在农业生产中发挥更大的作用。

（4）调研区域农户总体环境意识较高，对农业生产环境的改变存在一定的担忧。气候变化、水资源和土地资源情况的恶化是调研区域农户主要的担忧。因此，应规范当地农业生产的环境标准，减小农业生产对环境的污染；完善并推广农业气候变化型保险政策，增强农户抗风险能力。

（5）调研区域开展了种养方面的农业技术培训，但农技推广效率有待提升。农户获得农业技术培训的机会有限，且农业技术培训的形式之间也存在差异，主要以农业咨询服务为主。影响农户参与农业技术培训的首要因素是农业技术培训渠道。因此，需要加大农业技术推广和培训的力度，创新农业技术推广方式，提高农技推广效率，进而提高农业生产率。

（6）调研区域粮食作物长势水平良好，但区域种植结构可进一步优化。粮食作物玉米的种植面积在调研区域占主导地位，其他经济类作物面积占比较低，整体上农业种植结构相对单一和集中。因此，需要结合区域气候条件、地形地貌等特点对农作物种植结构进行优化调整，提高农业生产的多样性与经济效益。

目　　录

前言

第一章　村庄概况 ………………………………………… 1

　一、人口及土地情况 ………………………………… 1

　二、水资源状况 ……………………………………… 3

　三、农技推广 ………………………………………… 6

　四、生产经营情况 …………………………………… 9

　五、基础设施情况 ………………………………… 14

　六、结论与政策建议 ……………………………… 18

第二章　农户生计资本 ………………………………… 19

　一、人力资本 ……………………………………… 19

　二、自然资本 ……………………………………… 26

　三、物质资本 ……………………………………… 43

　四、金融资本 ……………………………………… 48

　五、社会资本 ……………………………………… 51

　六、结论与政策建议 ……………………………… 58

第三章　农业生产投入产出 …………………………… 60

　一、种植业投入产出 ……………………………… 60

　二、农业机械使用 ………………………………… 68

　三、畜牧业生产经营 ……………………………… 73

　四、结论与政策建议 ……………………………… 76

第四章　农业农村数字化 ……………………………… 78

　一、家庭互联网与农业软件使用 ………………… 78

二、数字素养 ………………………………………………………… 87

三、结论与政策建议 ………………………………………………… 93

第五章　农户资源环境认知 ……………………………………… 95

一、农户种植环境变化认知 ………………………………………… 95

二、农户亲环境技术认知 …………………………………………… 102

三、结论与政策建议 ………………………………………………… 106

第六章　农业技术培训 …………………………………………… 108

一、农业技术培训概况 ……………………………………………… 108

二、农户的培训意愿 ………………………………………………… 110

三、农业技术推广评价 ……………………………………………… 113

四、智能水肥一体化技术培训 ……………………………………… 115

五、结论与政策建议 ………………………………………………… 126

第七章　农情遥感监测 …………………………………………… 127

一、耕地地块遥感提取 ……………………………………………… 127

二、耕地地块变化监测 ……………………………………………… 130

三、农作物类型遥感识别 …………………………………………… 140

四、农作物长势监测 ………………………………………………… 143

五、结论与政策建议 ………………………………………………… 145

参考文献 ……………………………………………………………… 147

附录　2020—2022 年华北农业农村现代化调研参与人员名单 ………… 148

第一章　村庄概况

自然资源条件是农业生产发展的基础，同时农业科技的创新、农业组织的发展能够让农业生产力得到大幅提升。内蒙古自治区地处我国北部，地域辽阔，地势较高，具有丰富的动植物资源，农业发展潜力大。近些年来，得益于基础设施建设和农业现代化的不断推进，内蒙古自治区农业生产快速发展，同时也存在一些薄弱的地方。

本次调研在内蒙古自治区鄂尔多斯市鄂托克前旗、巴彦淖尔市乌拉特前旗两个县域地区展开，其中鄂托克前旗涵盖了 42 个样本村，乌拉特前旗涵盖了 45 个样本村。村级问卷的调研访谈针对样本村的村干部进行，2020 年调研共获得村级有效问卷 97 份。

本章对 2020 年村级调研数据进行描述性分析，主要从人口及土地、水资源状况、农技推广、生产经营情况、基础设施五个方面展开介绍，基本涵盖了村级层面的自然资源、生产生活、农业发展等方面内容。

一、人口及土地情况

据第七次人口普查显示，内蒙古自治区常住人口 2 400 万人，其中乡村人口 763 万人。耕地面积上，全区现有耕地 1.39 亿亩，是全国耕地保有量过亿的 4 个省区之一，人均耕地面积 5.48 亩，是全国人均耕地面积的 3.7 倍。本次调研的样本县位于内蒙古西部地区，人口稀少，土地广阔，具有典型的"地广人稀"的特征。本章基于调研数据和相关资料，对调研区域人口和土地情况进行简要介绍。

（一）人口状况

本次调研对鄂托克前旗和乌拉特前旗的样本村（嘎查）进行了人口数据收集。经描述性统计分析后发现，鄂托克前旗样本村平均人口数约为 797 人，平均户数约为 260 户，乌拉特前旗样本村平均人口数约为 1 821 人，平均户数约为 661 户，说明乌拉特前旗各村人口总数大于鄂托克前旗，但鄂托克前旗每户人口更多，密度更大。鄂托克前旗人口最多的村的人口数达到 1 890 人，乌拉特前旗人口最多的村的人口数为 5 288 人。两个样本县人口的统计数据表明，鄂托克前旗人口分布更为均匀，乌拉特前旗各村人口分布差异较大（表 1-1）。

表 1-1　样本村人口情况描述性统计

	鄂托克前旗		乌拉特前旗	
	村户数（户）	村人口数（人）	村户数（户）	村人口数（人）
平均	259.59	797.29	661.27	1 821.31
中位数	215	648	540	2 010.50
众数	215	256	350	2 300
标准差	142.06	420.77	545.22	1 394.26
最小值	59	204	81	260
最大值	700	1 890	1 777	5 288
求和	10 903	32 689	28 435	80 138
观测数	42	41	43	44

（二）土地状况

在村国土面积方面，乌拉特前旗样本村国土面积数据缺失较多，本报告仅对有数据记录的样本村进行分析。鄂托克前旗样本村平均国土面积大于乌拉特前旗，两旗国土面积分别为 200 929 亩*和 87 658 亩，但鄂托克前旗样本村平均耕地面积较小，仅为 12 660 亩。从以上分析可以发现，乌拉特前旗样本村耕地面积占比大于鄂托克前旗，说明乌拉特前旗的样本村拥有更多的耕地资源。另外，鄂托克前旗各村在国土面积上有较大差异，乌拉特前旗各村在耕地面积上有较大差异（表 1-2）。

表 1-2　样本村国土面积与耕地面积描述性统计（亩）

	鄂托克前旗		乌拉特前旗	
	村国土面积	村耕地面积	村国土面积	村耕地面积
平均	200 929.47	12 659.90	87 657.80	23 970.63
中位数	150 650	12 000	55 500	22 000
众数	68 000	20 000	29 000	22 000

---

*　亩为非法定计量单位，1 亩＝1/15 公顷。——编者注

（续）

	鄂托克前旗		乌拉特前旗	
	村国土面积	村耕地面积	村国土面积	村耕地面积
标准差	147 948.69	9 051.73	81 808.95	16 034.41
最小值	8 248	1 550	1 400	2 300
最大值	540 000	43 000	320 800	77 000
求和	8 037 179	506 396	2 717 391.85	1 054 708.02
观测数	40	40	31	44

（三）小结

本小节对鄂托克前旗和乌拉特前旗样本村的人口和土地进行了简要分析，主要从村中的户数、人口、村国土面积和耕地面积这4个层面出发，报告了均值、标准差等统计指标，较为详细地分析了两个样本县的人口和土地的水平及分布状况。

从总体上看，乌拉特前旗样本村的人口数大于鄂托克前旗，但前者平均国土面积小于后者，意味着鄂托克前旗样本村人口密度较大。从人均耕地面积上看，乌拉特前旗样本村的平均耕地面积约为鄂托克前旗样本村平均耕地面积的2倍，人口则约为2.3倍，说明鄂托克前旗的人均耕地资源高于乌拉特前旗的人均耕地资源。

二、水资源状况

内蒙古地区的水资源在地区和时间分布上不均匀，总体表现为东部人少水多，中西部人多水少；夏季雨水较多。2020年，全区平均降水量为375.1毫米，水库个数538座，水库容量108.43亿立方米。与2019年相比，水库数量与容量下降。

鄂托克前旗和乌拉特前旗位于内蒙古的中西部地区，水资源较为匮乏。各村用水需求主要为生活用水与农业用水，农村生活用水是村民日常生活所需要的水，农业用水主要是指用于农作物灌溉和农村牲畜的水。本小节对样本村的水资源管理制度、农作物灌溉用水来源、灌溉方式进行了分析，以了解鄂托克前旗和乌拉特前旗的水资源管理现状。

（一）水资源管理制度

阶梯水价的收费方式有利于增强村民的节水意识，避免水资源的浪费。但在用水管理制度方面，鄂托克前旗与乌拉特前旗大多数村庄的用水管理制度采用定额水价收费方式，即无论村民用水量多少，均采用单一不变的价格，只有很少的样本村采用阶梯水价方式对用水进行收费（图 1-1）。单一价格收费的方式使村民用水的成本维持低位水平，不利于水资源的节约。另外，也有村庄采取了不收费或是使用地表水或地下水等公共水资源的用水方式。

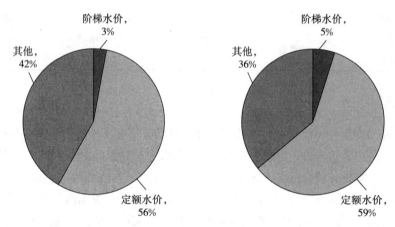

图 1-1　鄂托克前旗（左）与乌拉特前旗（右）各村水管理方式分类统计

指导农户学习节水灌溉技术对于水资源的有效利用具有重要作用。用水协会是自愿组成的群众性管水组织，其目的是将政府、供水单位以及农户三者之间结合起来，创造良好的灌溉条件。在剔除数值为空的样本后，仅有 5 个村庄有节水示范户或用水协会指导农户节水灌溉技术，这 5 个村庄均在乌拉特前旗，说明当前样本村节水示范户和用水协会的指导作用不强。

（二）灌溉用水来源

农作物的生长离不开水源，在农作物的灌溉上，鄂托克前旗和乌拉特前旗的绝大多数村庄通过取地下水进行灌溉，小部分村庄同时使用地下水和地表水，仅有鄂托克前旗的一个村庄完全用河水进行灌溉。

本小节还对农作物灌溉用水的获取难度进行了分析，选取用地下水进行灌溉的村庄进行了更详细的用水调查，主要涉及两个指标：村中水井数量以及机井下泵深度。由于每口井的下泵深度不同，本小节选取了各村机井下泵深度的平均值进行分析。通过分析可以发现，鄂托克前旗各村平均拥有 289 口水井，平均机井下泵深度 84 米；乌拉特前旗各村平均拥有 92 口水井，平均机井下泵深度 112 米（图 1-2）。可能的原因是鄂托克前旗的村平均国土面积较大，需要较多的水井以覆盖全村，而乌拉特前旗虽然人口较多，但村平均国土面积较小，可以多户共用。

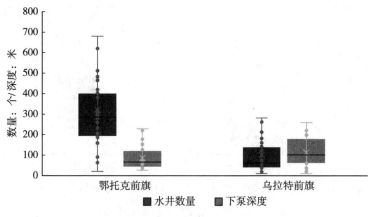

图 1-2　水井数量与机井下泵深度分布

（三）灌溉方式

农户采用节水灌溉技术能够以最低限度的用水量获取最大的产量与收益，避免了大水漫灌造成的水资源浪费，同时还可以保持土壤中水、肥、气、热等的良好状态。样本村现有的节水灌溉技术主要有喷灌和滴灌（图 1-3），本小节对 2020 年鄂托克前旗与乌拉特前旗样本村的喷灌与滴灌面积进行了调查。在剔除乌拉特前旗各村喷灌面积的离群值后发现，乌拉特前旗的喷灌面积为 0，所有村庄均采纳了滴灌技术，平均滴灌面积为 21 213 亩，滴灌面积最大的村可以达到 60 000 亩。鄂托克前旗喷灌面积平均值为 3 710 亩，滴灌面积的平均值为 8 073 亩。总体而言，两个样本县更倾向于使用滴灌技术（图 1-4）。

图 1-3　滴灌设备示意图

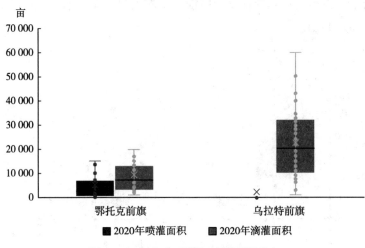

图 1-4 2020 年喷灌与滴灌面积分布

（四）小结

本小节对鄂托克前旗和乌拉特前旗的水资源概况进行了分析，通过绘制饼状图与箱线图，重点分析了水资源的管理制度、农作物灌溉用水的来源与灌溉方式。统计发现，在鄂托克前旗和乌拉特前旗的样本村中，实行阶梯水价收费方式的村庄较少，大多数村庄仍旧实行均一价格水费的收费方式。在水井数量上，鄂托克前旗样本村的水井数量明显多于乌拉特前旗，机井的下泵深度小于乌拉特前旗。在农作物灌溉方面，鄂托克前旗和乌拉特前旗各村均倾向于采用滴灌技术进行灌溉，对喷灌技术采纳意愿不高。

在水资源管理方面，本报告认为鄂托克前旗和乌拉特前旗的样本村应当积极组织建立相关的节水示范户或用水协会，并使用阶梯水价进行收费，进一步提高农户大量用水时的边际成本，避免水资源的浪费。

三、农技推广

先进的技术有利于提高农业生产力，助力我国农村走向现代化。因此，我们需要加强农业技术的推广工作，促使农业科研成果与实用技术尽快应用于农业生产领域。在内蒙古地区，由于水资源短缺严重，当地主要推广的技术是节水灌溉技术，从过去的滴灌与喷灌逐步发展到现在的水肥一体化灌溉。本小节从灌溉技术的推广年份、农机培训的类型和次数入手，分析了鄂托克前旗和乌拉特前旗样本村的农技推广现状。

（一）灌溉技术推广年份

总体看来，鄂托克前旗和乌拉特前旗的所有样本村均有使用滴灌技术，鄂托克前旗的样本村以滴灌技术为主，喷灌技术为辅，乌拉特前旗的样本村则均采用滴灌技术。从灌溉技术的推广年份来看，滴灌技术和喷灌技术分别在2003年和2006年开始推广。但从推广时间上看，喷灌的推广早于滴灌，主要集中在2008年前后，在2012年达到小高峰后逐步下降。在滴灌技术推广方面，乌拉特前旗的推广年份集中在2011—2015年，鄂托克前旗的推广年份集中在2013—2016年，高峰期晚于乌拉特前旗，可能的原因是鄂托克前旗各村在滴灌技术推广前已大规模采纳喷灌技术，对滴灌的需求并不大。对比鄂托克前旗喷灌与滴灌技术的推广年份可以发现，喷灌技术的推广在2012年达到小高峰后逐步走下坡路，而滴灌技术的推广进入高峰期（图1-5）。

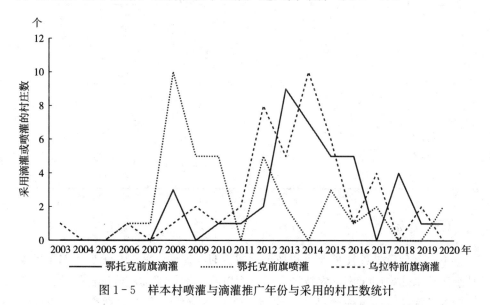

图1-5　样本村喷灌与滴灌推广年份与采用的村庄数统计

（二）农技培训

农技培训有助于强化农户对政策和相关农业技术的理解，提升农户对农业技术的认识。鄂托克前旗和乌拉特前旗地处内蒙古高原，地势平坦，拥有草原、戈壁、沙漠等土壤环境，环境相对恶劣。通过现代农业技术的介入，有助于提高当地的农业生产总值、改善当地的生态环境。

在技术推广的类型上，主要是种植技术与养殖技术的推广。其次是环境改善方面的技术推广，主要有节水滴灌技术、秸秆还田技术以及有机肥技术。除此之外，还有水肥一体化、高新农业技术的推广。虽然鄂托克前旗和乌拉特前旗的农技推广类型覆盖较广，但主要集中在节水灌溉技术和种养殖技术上。

对农户进行技术培训是技术推广的重要一环，培训的次数可能会影响到技术推广的效果，本小节对样本村每年进行的技术培训次数进行了描述性统计分析，发现大多数样本村每年只进行两次培训，鄂托克前旗和乌拉特前旗样本村平均培训次数分别为 2.11 次和 1.79 次，相比较来说鄂托克前旗的农技培训工作开展更为频繁（表1-3）。

表1-3　样本村农业技术培训次数描述性统计（次）

	鄂托克前旗	乌拉特前旗
平均	2.11	1.78
中位数	2	2
众数	2	2
标准差	1.01	0.88
最小值	0	0
最大值	5	4
求和	84.50	75
观测数	40	42

（三）小结

本小节分析了鄂托克前旗和乌拉特前旗的农技推广状况，选取了两个样本县灌溉技术的推广年份、农技推广的类型以及技术培训的次数进行了分析。研究发现，鄂托克前旗样本村均有使用滴灌和喷灌技术，而在乌拉特前旗样本村，农户目前采纳的是滴灌技术。从大规模推广的时间来看，乌拉特前旗较早推广滴灌技术，鄂托克前旗喷灌技术的推广早于乌拉特前旗滴灌技术的推广。技术推广方面，推广最多的技术类型是种养殖技术，因为这一技术的推广可以提高农户的成本收益比。值得一提的是，智能化、智慧化农业技术在两个样本县也正逐步推广。技术培训是技术推广的重要方式，大多数村庄每年进行两次培训。鄂托克前旗样本村平均培训次数高于乌拉特前旗，这意味着鄂托克前旗各村更加重视农技推广工作。

基于此，本报告认为，节水灌溉技术在样本县的推广程度已达到较高水平，政府应当进一步推广智能节水灌溉技术，同时应加大智能化、智慧化农技推广的力度，进一步提高水资源的利用效率。

四、生产经营情况

（一）主要农作物

农产品种植受到气候、地理环境以及种植传统等多方面的影响。本次调研的鄂托克前旗和乌拉特前旗处于内蒙古中西部地区，其中，鄂托克前旗位于内蒙古自治区鄂尔多斯市西南部，属于中温带温暖型干旱、半干旱大陆性气候，年降水量294.1毫米，光照充足；乌拉特前旗则属于中温带气候，风大雨少，气候干燥，日照时间长，昼夜温差大。两地的气候特征适合喜温好光、对水分需求不大的品种生长，因此玉米、土豆、辣椒、向日葵等作物是两地主要的种植品种。

鄂托克前旗和乌拉特前旗均以玉米为主要粮食作物，且所有调研的样本村均有种植。鄂托克前旗各村除了大规模种植玉米外，还种了较多土豆和辣椒；乌拉特前旗的农户则更倾向种植向日葵（表1-4）。

表1-4　样本村主要农作物覆盖率（%）

旗/县	玉米	土豆	辣椒	向日葵
鄂托克前旗	100	47.6	59.5	—
乌拉特前旗	100	13.3	—	51.1

（二）农作物种植面积和产量

从粮食作物种植面积上看，如表1-5所示，鄂托克前旗平均每村有9 969.67亩地用于粮食生产，粮食种植面积最小的村种植面积为1 300亩，种植面积最大的村种植面积达40 000亩；乌拉特前旗平均每村有18 635.67亩地种植粮食，种植面积最小的村仅有60亩，种植面积最大的村达到了70 000亩。整体上看，乌拉特前旗粮食生产潜力大于鄂托克前旗，这也得益于当地较为丰富的土地资源。

表 1-5 样本村粮食物种植面积描述性统计（亩）

	鄂托克前旗	乌拉特前旗
平均	9 969.67	18 635.67
中位数	9 372	16 800
众数	14 000	15 000
标准差	7 054.90	14 276.32
最小值	1 300	60
最大值	40 000	70 000
求和	398 787	745 427
观测数	40	40

从经济作物种植面积上看，如表 1-6 所示，鄂托克前旗平均每村有 1 300.85 亩地用于经济作物生产，种植经济作物最多的是敦达图嘎查，诸如芒哈图嘎查、拜图嘎查、巴彦乌珠嘎查等多个村并无种植经济作物；乌拉特前旗平均每村有 7 717.57 亩地种植经济作物，其中圐圙补隆村经济作物种植最多，达到了 21 000 亩。整体上看，在乌拉特前旗种植经济作物相较于鄂托克前旗有更大优势。

表 1-6 样本村经济作物种植面积描述性统计（亩）

	鄂托克前旗	乌拉特前旗
平均	1 300.85	7 717.57
中位数	800	5 902.80
众数	0	5 000
标准差	1 363.83	7 118.31
最小值	0	0
最大值	5 700	21 000
求和	44 229	239 244.80
观测数	34	31

从耕地分配上来看（图 1-6），乌拉特前旗平均每种植 1 亩经济作物的同时种植了 6.7 亩粮食作物；鄂托克前旗的这一比例较为悬殊，平均每亩经济作物所对应的粮食作物种植面积达到了 34.2 亩，说明鄂托克前旗种植结构较为单一，以粮食作物种植为主。同时，从箱型图的数据离散程度可以看到，鄂托克前旗各村种植比例离散较大，不同村之间粮食作物和经济作物的分配有很大

差异；而乌拉特前旗各村的种植比例相差不大，各村的种植结构情况较为相似。

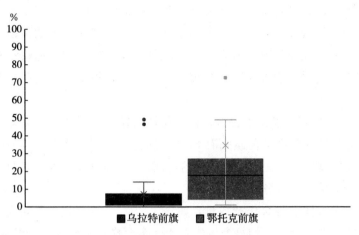

图 1-6 样本村粮食作物与经济作物面积之比

重点考察 2019 年两个样本县的玉米产量，如表 1-7 所示。鄂托克前旗玉米平均亩产量为 1 476.97 斤[*]，其中亩产最小的村仅为 756 斤，而亩产量最高的村达到了 1 800 斤；乌拉特前旗玉米平均亩产量为 1 826.83 斤。从样本县玉米亩产情况可看出，乌拉特前旗整体产量更高，这也直接反映了当地气候、地理等条件更适宜玉米生产。

表 1-7 样本村 2019 年玉米产量描述性统计（斤/亩）

	鄂托克前旗	乌拉特前旗
平均	1 476.97	1 826.82
中位数	1 500	1 800
众数	1 500	1 800
标准差	253.81	272.96
最小值	756	1 200
最大值	1 800	2 300
求和	60 556	74 900
观测数	41	41

---

* 斤为非法定计量单位，1 斤＝500 克。——编者注

（三）农业生产组织化

近些年来，农民合作社在相关支持政策的保障激励下快速发展，已成为农民群众的组织者、乡村资源要素的激活者、乡村产业发展的引领者和农民权益的维护者，在建设现代农业、助力脱贫攻坚、带领农民增收致富中发挥了重要作用。同时，农业企业也是促进乡村发展，提供乡村就业机会的重要源泉。

如表1-8所示，两旗农民合作社发展情况较好，鄂托克前旗有77.3%的村建立了合作社，乌拉特前旗则有87.2%的村建立了合作社。但两个样本县的农业企业发展较为不足，仅有1/5的村创办农业企业，侧面反映两个样本县农户就业渠道单一，以务农为主。

进一步考察样本县合作社数量，如表1-9。可以看到，鄂托克前旗总共建立了138个合作社，平均每个村建立4.3个合作社，建立合作社最多的村，其拥有的合作社数量达到了17个；乌拉特前旗总共建立了197个合作社，平均每个村有6.1个合作社。整体上看，乌拉特前旗合作社发展更好。

表1-8　样本村合作社和农业企业覆盖率（%）

旗/县	合作社	农业企业
鄂托克前旗	77.3	20
乌拉特前旗	87.2	20.5

表1-9　样本村合作社数量描述性统计（个）

	鄂托克前旗	乌拉特前旗
平均	4.31	6.15
中位数	4	5
众数	2	2
标准差	3.31	4.68
最小值	1	1
最大值	17	20
求和	138	197
观测数	32	32

(四) 受灾情况

本书统计了干旱、洪涝、冰雹、霜冻、沙尘暴五种主要灾害类型在样本村发生的次数。统计发现,近10年来两个样本县受灾较为频繁,鄂托克前旗有87%的村庄受到了灾害的影响,乌拉特前旗有83%的村庄受到了灾害的影响(图1-7、图1-8)。从受灾类型上看,鄂托克前旗主要遭受干旱、冰雹、沙尘暴的影响,其中旱灾的影响最大,这主要与当地缺水少雨的自然环境有关;乌拉特前旗受到洪涝、冰雹和沙尘暴的影响较大,其中洪涝是主要灾害,原因在于当地多发短时特大暴雨以及多山的地貌条件。

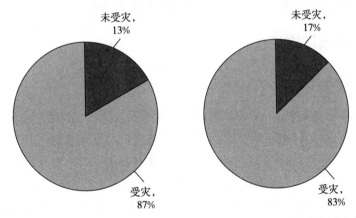

图1-7 鄂托克前旗(左)与乌拉特前旗(右)各村近10年受灾村庄占比

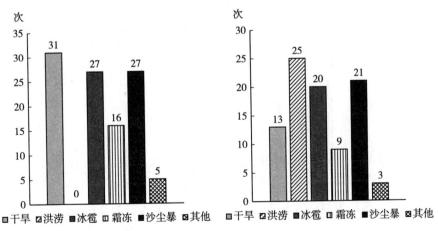

图1-8 鄂托克前旗(左)与乌拉特前旗(右)各村主要受灾类型及受灾次数

（五）小结

本节从农作物品种、产量和面积、农业组织以及受灾情况四个方面对样本村的生产经营情况进行了分析。总体上看，样本村种植品种丰富，以玉米、辣椒、土豆、向日葵为主要种植作物，两个样本县在粮食作物和经济作物上均有种植，且以粮食作物为主；农业组织发展良好，各村均建有农村合作社；调研区域易受自然灾害影响，农业生产面临较大的风险与挑战。

另外，对样本县进行比较分析发现：相较于鄂托克前旗，乌拉特前旗农业发展更加完善，拥有更高的玉米亩产、更合理的种植结构以及更多的农业组织，这主要得益于乌拉特前旗较为优越的自然资源条件。

五、基础设施情况

（一）交通

"公路通，百业兴"，交通是农村经济发展大动脉，完善的交通设施是乡村振兴的重要支撑。样本村经过近 20 年的交通建设，逐步实现了村村通高速的景象。其中，鄂托克前旗在 2010 年以前交通不发达，农户出行不便，自 2010 年开始，当地政府大力推行高速公路建设，在 2012 年、2016 年、2018 年均有多个村庄实现了高速通车；乌拉特前旗从 21 世纪初便开始了高速公路建设工作，特别是在 2005 年，实现了 8 个村庄同时通高速的景象（图 1－9）。

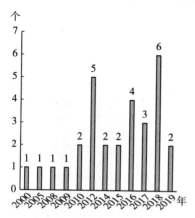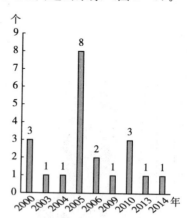

图 1－9 鄂托克前旗（左）与乌拉特前旗（右）各村近 20 年开通高速的村庄数

从样本村到最近高速公路的距离上看，各村到高速公路的通达程度有所不同（表 1－10）。鄂托克前旗各村到最近高速公路的距离平均为 26.87 千米，距离最近的村庄坐落于高速两旁，距离最远的村距高速公路有 100 千米。乌拉特前旗平均每个村到高速公路的距离为 35.61 千米，距离最近的村临近京藏高速。整体上看，鄂托克前旗交通更为方便，更有利于农户出行。

表 1-10　样本村到最近高速公路距离描述性统计（千米）

	鄂托克前旗	乌拉特前旗
平均	26.87	35.60
中位数	20	30
众数	30	60
标准差	24.82	30.84
最小值	0	0.10
最大值	100	100
求和	1 101.90	1 495.60
观测数	41	42

样本村到火车站的距离也是评价村庄交通发达程度的重要一环。一般而言，火车站大多设在县城，因此各村到火车站的距离也就是到县城的距离。如表 1-11 所示，鄂托克前旗各村到火车站的平均距离为 107.08 千米，多个村邻近鄂托克前旗主城区，农户乘车较为方便；乌拉特前旗各村分布较为紧密，到火车站距离平均为 36.03 千米，大多数农户仅半小时车程即可到达车站。相比可以看出，乌拉特前旗的农户乘坐火车更为方便。

表 1-11　样本村到最近火车站距离描述性统计（千米）

	鄂托克前旗	乌拉特前旗
平均	107.08	36.03
中位数	75	30
众数	60	70
标准差	113.42	31.96
最小值	0	1
最大值	500	100
求和	4 176.20	1 477.30
观测数	39	41

乡镇公交车的开通可以加强各村与乡镇之间联系，提升乡镇层面交通便捷程度。从数据上看，鄂托克前旗和乌拉特前旗乡镇公交车覆盖率不高，仅有不

到 20％的村开通了公交线路（图 1-10），说明乡镇层面的交通仍有较大的发展空间。县城班车的开通可以极大缓解村与县城交通不畅的难题，方便农户出行。从数据上看，鄂托克前旗有近 1/3 的村开通了到县城的班车，而乌拉特前旗只有 1/4 的村开通了班车（图 1-11）。

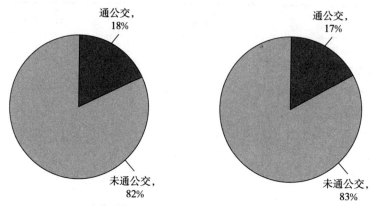

图 1-10　鄂托克前旗（左）与乌拉特前旗（右）各村乡镇公交车覆盖率

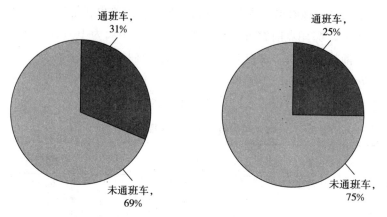

图 1-11　鄂托克前旗（左）与乌拉特前旗（右）各村县城班车覆盖率

（二）通信服务

数字基础设施是数字乡村建设的基石，越来越快的网速和不断优化的网络服务为乡村振兴提供了强大支持。两个样本县自 2010 年以来不断推进互联网建设，截至 2019 年，鄂托克前旗已有 32 个村开通了互联网，且在 2015—2017 年三年间呈迅猛发展态势；乌拉特前旗目前已有 30 个村开通了互联网，特别是在 2017 年，实现了同年 8 个村同时开通互联网的景象（图 1-12）。从

4G 信号覆盖情况来看，鄂托克前旗有 2/3 的村可以接收到 4G 信号，而乌拉特前旗有 88％的村可以收到 4G 信号，整体上看乌拉特前旗通信基础设施建设更加完善（图 1-13）。

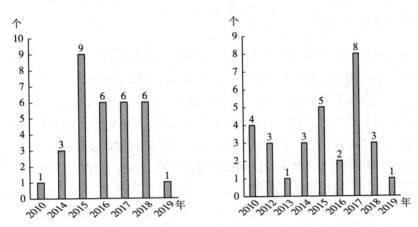

图 1-12　鄂托克前旗（左）与乌拉特前旗（右）近 10 年开通宽带的村庄数

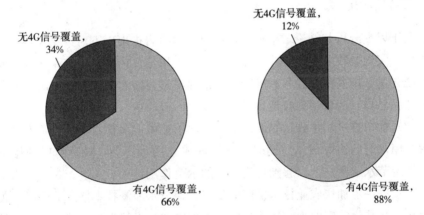

图 1-13　鄂托克前旗（左）与乌拉特前旗（右）各村 4G 信号覆盖率

（三）小结

本节对样本县基础设施建设情况做了简要介绍，重点从交通和通信两个方面展开。总体上看，样本县交通发展较早，建立了完善的高速公路网络，但在乡镇公交车线路开通上发展不足。在通信设施建设上，两个样本县都在近 10 年间大力发展宽带及 4G 网络服务，基本实现了村村通网的景象。比较而言，鄂托克前旗的村域交通更加方便，各村之间的联系更加紧密；而乌拉特前旗的互联网建设更加完善，4G 网络的覆盖面更广。

六、结论与政策建议

（一）结论

本章对样本村的人口及土地、水资源状况、农技推广、生产经营情况、基础设施五个方面的情况展开了介绍，基本涵盖了村级层面的自然资源、生产生活、农业发展等内容。总的来看，样本村农业总体发展势头良好，种植业经济效益较好，粮食产量增加，农产品的品种和品质不断优化；农业技术不断发展，灌溉条件不断优化，水资源管理方式科学高效；基础设施不断完善，实现了高速公路和通信网络全覆盖。但从各地区来看，各样本村在自然资源利用方面有较大差异，特别是在水资源使用上，各村的使用效率不一，部分地区超采现象严重；同时，各地区农业抗风险能力较弱，易受到自然灾害的影响；农业机械化、集约化、技术化程度还比较低，现代农牧业发展缓慢。

（二）政策建议

基于以上分析与结论，结合实际情况，本报告提出以下对策建议：

（1）实现农牧业增长方式的转变，由过去单方面依靠总量扩张向提高农牧业科技含量、提高集约经营水平转变，依靠先进科技增加农牧业产出，改善农牧业产品品质，改善当地自然环境。

（2）加快推进用水收费制度的变革，尽可能采取阶梯水价的收费方式，提高大量用水时的边际成本。同时，在村内成立用水协会，规范村民的用水行为，评定节水示范户，以起到带头节水的示范作用。

（3）进一步加快农业技术推广的步伐，在节水灌溉技术推广的同时，关注智能化、智慧化的农业生产技术推广。增加农业技术培训的次数，使农户的技术知识及时跟上技术变化，避免出现农户无法适应现代化技术的局面。

（4）继续加大力度开通乡镇公交与县域公交线路，完善村域层面交通网络，不断增加高速网络密度，缩短村域及村到县城之间通行时间。村落密集区要发挥交通枢纽作用，在村域层面起到以点带面的辐射效果。

第二章　农户生计资本

生计资本是家庭资源禀赋中可转化为经济资产或家庭收入来源的重要组成部分，是衡量民生水平的重要指标。2000 年，英国国际发展署（UK Department for International Development，DFID）提出可持续生计分析框架（Sustainable Livelihood Analysis，SLA），其中，生计资本被划分为人力资本、自然资本、物质资本、金融资本和社会资本。在总结已有研究的基础上，ARMS 调研问卷共设置了五大类资本的具体指标。本章根据 2020 年和 2022 年调研数据对鄂托克前旗和乌拉特前旗样本户的生计资本进行分析，并根据调研情况有针对性地提出相关政策建议。

一、人力资本

人力资本指个人所拥有的用于谋生的知识、技能以及劳动能力和健康状况等的总和，主要特点是它与人身自由联系在一起，不随产品的出卖而转移。本节中人力资本的具体指标设置为农牧户户主性别、年龄、民族、教育水平、婚姻和健康状况。

（一）性别与民族

2020 年调研共获取有效数据 1 347 条，其中男性户主 1 268 人，占比 94.14%，女性户主 79 人，占比 5.86%。鄂托克前旗样本中，男性户主 517 人，在鄂托克前旗样本户中占比 92.82%，女性户主 40 人，占比 7.18%；乌拉特前旗样本中，男性户主 751 人，占乌拉特前旗样本的比例为 95.06%，女性户主 39 人，占比为 4.94%（表 2-1）。

2022 年调研的样本户主要由两部分组成：一部分是对 2020 年调研的部分样本户进行追踪调查，另一部分是对每个样本村增加少量新的样本农户，共获得 1 324 条有效数据。其中，男性户主有 1 265 人，占比为 95.54%，女性户主有 59 人，占比为 4.46%。鄂托克前旗的样本中，男性户主有 558 人，占鄂托克前旗样本的比例为 95.06%，女性户主有 29 人，占比为 4.94%；乌拉特前旗的样本中，男性户主有 707 人，占乌拉特前旗样本的比例为 95.93%，女性户主有 30 人，占比为 4.07%（表 2-2）。

表 2-1 2020 年样本户户主性别分布

	鄂托克前旗		乌拉特前旗		总计	
	数量（人）	百分比（%）	数量（人）	百分比（%）	数量（人）	百分比（%）
男	517	92.82	751	95.06	1 268	94.14
女	40	7.18	39	4.94	79	5.86
总计	557		790		1 347	

表 2-2 2022 年样本户户主性别分布表

	鄂托克前旗		乌拉特前旗		总计	
	数量（人）	百分比（%）	数量（人）	百分比（%）	数量（人）	百分比（%）
男	558	95.06	707	95.93	1 265	95.54
女	29	4.94	30	4.07	59	4.46
总计	587		737		1 324	

样本户中受访者多是户主，绝大部分户主是男性。在此次调研中，大多数女性受访者是代替户主接受访谈调查的，这些受访者的个人信息数据被单独记录，同时也记录了她们与户主之间的关系。需要说明的是，2020 年、2022 年的调研均没有涉及不同家庭成员的社会经济相关信息，因此数据中不包括个人级别的信息。

2020 年的调研中，户主为汉族的有 1 064 人，占比为 78.99%，户主为蒙古族的有 274 人，占比 20.34%。其中，鄂托克前旗的样本中，户主为汉族的有 372 人，占鄂托克前旗样本的比例为 66.79%，户主为蒙古族的有 184 人，占比 33.03%，此外还有 1 名户主为维吾尔族；乌拉特前旗的样本中，户主为汉族的有 692 人，占乌拉特前旗样本比例为 87.59%，户主为蒙古族的有 90 人，占比 11.39%，此外还有 6 名户主为回族、2 名户主为满族（表 2-3）。

2022 年参加调研的农户中，户主为汉族的有 1 055 人，占比约为 79.68%，户主为蒙古族的有 262 人，占比 19.79%。其中，鄂托克前旗的样本中，户主为汉族的有 387 人，占鄂托克前旗样本的比例为 65.93%，户主为蒙古族的有 200 人，占比 34.07%；乌拉特前旗的样本中，户主为汉族的有 668 人，占乌拉特前旗样本的比例为 90.64%，户主为蒙古族的有 62 人，占比 8.41%，此处还有 6 名户主为回族、1 名户主为满族（表 2-4）。

表 2-3　2020 年样本户户主民族分布表

	鄂托克前旗		乌拉特前旗		总计	
	数量（人）	百分比（%）	数量（人）	百分比（%）	数量（人）	百分比（%）
汉族	372	66.79	692	87.59	1 064	78.99
蒙古族	184	33.03	90	11.39	274	20.34
回族	0	0.00	6	0.76	6	0.45
维吾尔族	1	0.20	0	0.00	1	0.07
其他说明	0	0.00	2（满族）	0.25	2（满族）	0.15
总计	557		790		1 347	

表 2-4　2022 年样本户户主民族分布表

	鄂托克前旗		乌拉特前旗		总计	
	数量（人）	百分比（%）	数量（人）	百分比（%）	数量（人）	百分比（%）
汉族	387	65.93	668	90.64	1 055	79.68
蒙古族	200	34.07	62	8.41	262	19.79
回族	0	0.00	6	0.81	6	0.45
满族	0	0.00	1	0.14	1	0.08
总计	587		737		1 324	

　　总的来说，近八成受访农户是汉族人，约两成受访农户是蒙古族人，样本中还有少数回族、满族、维吾尔族农户，基本符合受访地区的民族分布特征[①]。

（二）年龄与健康状况

　　2022 年调研中"户主出生年份"问题的有效数据显为 1 323 条。样本户户主的平均年龄为 53.27 岁，中位数和众数分别是 53 岁和 58 岁，样本户中最年轻的户主仅 24 岁，最年长的户主为 82 岁（表 2-5）。其中，乌拉特前旗样本户的年龄均值较高，为 54.20 岁，中位数和众数分别是 55 岁和 59 岁，而鄂托克前旗样本户的年龄均值为 52.11 岁，中位数和众数均为 52 岁。

---

　　①　根据《内蒙古自治区第七次全国人口普查公报》，内蒙古自治区全区常住人口中，汉族人口占 78.74%，蒙古族人口占 17.66%，其他少数民族人口占 3.60%。

表 2 - 5　2022 年样本户户主年龄描述性统计（岁）

	平均	最小值	最大值	中位数	众数	标准差	观测数
总样本	53.27	24	82	53	58	9.59	1 323
乌拉特前旗	54.20	24	80	55	59	9.40	736
鄂托克前旗	52.11	28	82	52	52	9.70	587

　　如图 2-1 和表 2-6、表 2-7 所示，2020 年和 2022 年调研的样本农户中，年龄分布在 51～60 岁的居多。其中，2020 年这一年龄段的农户占比为 37.74％，2022 年该年龄段的农户占比为 39.30％。2020 年，鄂托克前旗的样本户在 41～50 岁区间内分布最多，占鄂托克前旗样本总数的 38.42％；乌拉特前旗的样本户在 51～60 岁区间内分布最多，占乌拉特前旗样本的比例为 42.84％。2022 年，鄂托克前旗和乌拉特前旗参加调研的样本户中，户主在 51～60 岁区间内分布最多，分别占鄂托克前旗和乌拉特前旗样本总数的 41.03％和 37.14％。整体看来，近七成样本农户在 41～60 岁范围内。

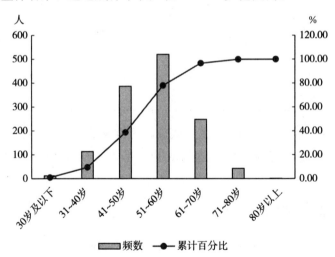

图 2 - 1　2022 年样本户户主年龄分布图

表 2 - 6　2020 年样本户户主年龄分布

	鄂托克前旗		乌拉特前旗		总计	
	数量（人）	百分比（％）	数量（人）	百分比（％）	数量（人）	百分比（％）
≤30 岁	10	1.80	7	0.89	17	1.26
31～40 岁	69	12.39	59	7.48	128	9.51

（续）

	鄂托克前旗		乌拉特前旗		总计	
	数量（人）	百分比（%）	数量（人）	百分比（%）	数量（人）	百分比（%）
41～50 岁	214	38.42	213	27.00	427	31.72
51～60 岁	170	30.52	338	42.84	508	37.74
60～70 岁	81	14.54	158	20.03	239	17.76
>70 岁	13	2.33	14	1.77	27	2.01
总计	557		789		1 346	

表 2-7　2022 年样本户户主年龄分布

	鄂托克前旗		乌拉特前旗		总计	
	数量（人）	百分比（%）	数量（人）	百分比（%）	数量（人）	百分比（%）
≤30 岁	7	0.95	5	0.85	12	0.91
31～40 岁	51	6.93	62	10.56	113	8.54
41～50 岁	191	25.95	195	33.22	386	29.18
51～60 岁	302	41.03	218	37.14	520	39.30
60～70 岁	161	27.43	87	11.82	248	18.75
>70 岁	24	4.09	20	2.72	43	3.25
总计	587		736		1 323	

　　由于农村体力劳动较多，受访对象的身体健康状况受到了特别关注。调研数据中包括农户自评的健康状况，反映了农户对自身健康水平的认知。受访农户中，认为自身"很健康"和"比较健康"的农户占比最多，为 76.06% 和 16.54%，绝大多数农户认为自己的健康状况在一般及以上，占比为 96.98%。可以看出，样本农户对于自身健康水平的认知整体较为乐观（表 2-8、表 2-9、图 2-2）。

表 2-8　2022 年样本户受访者自评健康状况

分类	频数	百分比（%）	累计百分比（%）
很健康	1 007	76.06	76.06
比较健康	219	16.54	92.60
一般	58	4.38	96.98
不健康	37	2.79	99.77
很不健康	3	0.23	100.00
总计	1 324	100.00	100.00

表 2-9　2022 年样本户自评健康状况分布

	鄂托克前旗		乌拉特前旗		总计	
	数量（人）	百分比（%）	数量（人）	百分比（%）	数量（人）	百分比（%）
很健康	437	74.45	570	77.34	1 007	76.06
比较健康	97	16.52	122	16.55	219	16.54
一般	34	5.79	24	3.26	58	4.38
不健康	17	2.90	20	2.71	37	2.79
很不健康	2	0.34	1	0.14	3	0.23
总计	587		737		1 324	

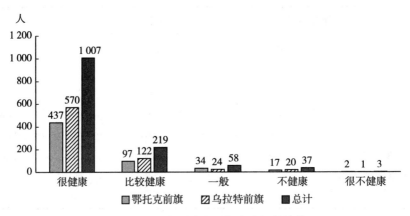

图 2-2　2022 年样本户受访者自评健康状况

（三）受教育水平

2022 年调研的农户中，户主的平均受教育年限为 8.24 年，最小值为 0 年，最大值为 16 年，中位数和众数均为 9 年。乌拉特前旗样本户的平均受教育水平略高于鄂托克前旗，乌拉特前旗样本户的平均受教育年限为 8.58 年，而鄂托克前旗样本户的平均受教育年限为 7.81 年（表 2-10）。

表 2-10　2022 年样本户户主受教育水平描述性统计（年）

	平均	最小值	最大值	中位数	众数	标准差
总样本	8.24	0	16	9	9	3.25
乌拉特前旗	8.58	0	16	9	9	2.84
鄂托克前旗	7.81	0	16	9	9	3.65

在所有样本户的受教育年限中，完成 9 年义务教育的人数占样本量的 18.05％（表 2 - 11，图 2 - 3）。可见在调研地区，由于农业技术与校园知识没有完好对接、受教育的机会成本较高、务农的边际收益显著、农户家庭对于农业的依赖程度高于对学校教育的依赖程度等原因，大部分的受访对象受教育水平较低。

表 2 - 11　2022 年样本户户主受教育水平分布

文化水平	受教育年限（年）	频数	百分比（％）	累计百分比（％）
小学以下	0	75	5.66	5.66
小学水平	1～6	380	28.70	34.37
初中水平	7～9	630	47.58	81.95
高中水平	10～12	168	12.69	94.64
高中以上	13～16	71	5.36	100.00

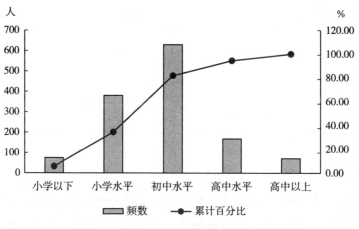

图 2 - 3　样本户的受教育水平分布直方图

（四）婚姻状况

样本户的婚姻状况如表 2 - 12 和表 2 - 13 所示。2020 年调研的样本户中已婚农户占比为 94.95％，离婚、未婚、丧偶的农户共占比不到 6％，其中乌拉特前旗的样本户中已婚农户占比为 95.70％，鄂托克前旗的样本户中已婚农户占比为 93.90％。2022 年调研的样本户中已婚农户占比为 96.90％，离婚、未婚、丧偶的农户共占比不到 4％，其中乌拉特前旗的样本户中已婚农户占比为 97.56％，鄂托克前旗的样本户中已婚农户占比为 96.08％。

可以看出样本户中绝大多数的婚姻状况为已婚，一定程度上反映了受访地区家庭结构以稳定的婚姻家庭为主的现状。

表 2 - 12　2020 年样本户婚姻状况表

	鄂托克前旗		乌拉特前旗		总计	
	数量（人）	百分比（%）	数量（人）	百分比（%）	数量（人）	百分比（%）
离婚	15	2.69	12	1.52	27	2.00
丧偶	14	2.51	17	2.15	31	2.30
未婚	5	0.90	5	0.63	10	0.74
已婚	523	93.90	756	95.70	1 279	94.95
总计	557		790		1 347	

表 2 - 13　2022 年样本户婚姻状况表

	鄂托克前旗		乌拉特前旗		总计	
	数量（人）	百分比（%）	数量（人）	百分比（%）	数量（人）	百分比（%）
离婚	7	1.19	7	0.95	14	1.06
丧偶	11	1.87	7	0.95	18	1.36
未婚	5	0.85	4	0.54	9	0.68
已婚	564	96.08	719	97.56	1 283	96.90
总计	587		737		1 324	

（五）小结

综合以上对样本户人力资本的描述，户主绝大部分为已婚男性，身体素质基本为正常水平，受教育程度普遍偏低。可以看出，农村人力资本的总体水平不高，主要问题在于受教育水平。因此，加大农村的教育投入，支持农村教育事业的发展有利于提升农村人力资本的质量。

二、自然资本

自然资本是指能从中导出有利于生计的资源流和服务的自然资源存量（如土地和水）以及环境服务。随着农村经济的日益发展，农户对土地资源的需求不断扩大，土地本身具有的面积有限性、不可再生性等自然属性使得土地供给和农户需求之间的矛盾日渐突出。本节主要调研了农户土地资源基本概况、土地资源流转情况等。

调研组先走访相关部门进行了座谈，后下村镇、入农户家中开展访谈，并且直接到现场参观，深入了解情况。本次调研主要涉及两方面内容：

（1）鄂托克前旗、乌拉特前旗近年来农村土地经营权流转整体状况；

（2）鄂托克前旗、乌拉特前旗农户拥有耕地地块数与耕地面积等情况。

（一）农户土地资源概况

1. 耕地数和草地数

2020 年调研中关于土地地块的问题共收集到有效数据 1 347 条。其中，没有耕地的只有 2 户，占比 0.15%，53.90% 的样本户拥有的耕地地块数在 1～3 块区间里。样本户中有 697 户农户没有草地，占比为 51.74%，46.3% 的样本户拥有的草地地块数在 1～3 块区间里（表 2-14、图 2-4）。

表 2-14　2020 年样本土地地块情况

	耕地数量		草地数量	
	数量（户）	百分比（%）	数量（户）	百分比（%）
0	2	0.15	697	51.74
1～3 块	726	53.90	623	46.25
4～6 块	329	24.42	21	1.56
7～10 块	191	14.18	4	0.30
10 块以上	99	7.35	2	0.15

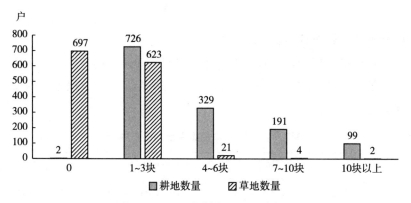

图 2-4　2020 年样本土地地块情况

2022 年调研中关于土地地块情况共收集到有效数据 1 322 条。其中，样本户中只有 5 户没有耕地，占比为 0.38%，耕地地块数在 1～3 块区间的样本户共

711 户，占比 53.78%。样本户中有 623 户农户没有草地，占比 47.13%，草地地块数在 1～3 块区间里的样本户共 662 户，占比 50.08%（表 2-15、图 2-5）。

表 2-15　2022 年样本土地地块情况

	耕地数量		草地数量	
	数量（户）	百分比（%）	数量（户）	百分比（%）
0	5	0.38	623	47.13
1～3 块	711	53.78	662	50.08
4～6 块	299	22.62	26	1.97
7～10 块	192	14.52	8	0.61
10 块以上	115	8.70	3	0.23

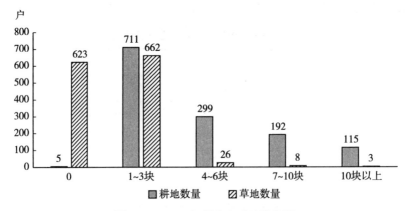

图 2-5　2022 年样本土地地块情况

2. 耕地面积和草地面积

2020 年调研数据中，拥有草地的样本户有 650 户。其中，草地面积在 100 亩以下的有 157 户，占比为 24.15%；草地面积在 1 000 亩以上的有 225 户，占比为 34.62%（表 2-16、图 2-6）。

表 2-16　2020 年样本户草地面积情况

	鄂托克前旗		乌拉特前旗		总计	
	数量（户）	百分比（%）	数量（户）	百分比（%）	数量（户）	百分比（%）
100 亩及以下	80	17.86	77	38.12	157	24.15
100～300 亩	82	18.30	31	15.35	113	17.38
300～500 亩	40	8.93	17	8.42	57	8.77

（续）

	鄂托克前旗		乌拉特前旗		总计	
	数量（户）	百分比（%）	数量（户）	百分比（%）	数量（户）	百分比（%）
500～1 000 亩	66	14.73	32	15.84	98	15.08
1 000 亩及以上	180	40.18	45	22.28	225	34.62
总计	448		202		650	

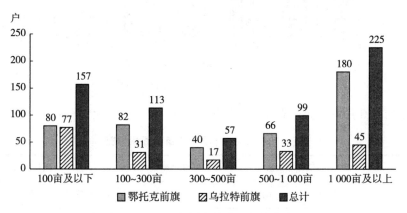

图 2-6　2020 年样本户草地面积分布图

在 1 345 户拥有耕地的样本户中，耕地面积在 50 亩以下的有 653 户，占比为 48.55%；耕地面积在 300 亩以上的有 30 户，占比为 2.23%（表 2-17、图 2-7）。

表 2-17　2020 样本户耕地面积情况

	鄂托克前旗		乌拉特前旗		总计	
	数量（户）	百分比（%）	数量（户）	百分比（%）	数量（户）	百分比（%）
25 亩及以下	78	14.03	130	16.48	208	15.46
25～50 亩	199	35.79	246	31.18	445	33.09
50～75 亩	62	11.15	164	20.79	226	16.80
75～100 亩	70	12.59	104	13.18	174	12.94
100～200 亩	102	18.35	113	14.32	215	15.99
200～300 亩	27	4.86	20	2.53	47	3.49
300 亩以上	18	3.24	12	1.52	30	2.23
总计	556		789		1 345	

2022 年调研的数据中，农户拥有的草地面积均值是 628 亩。草地面积在 100 亩以下的有 807 户，在拥有草地的样本户中占比 60.95%；草地面积在 1 000 亩

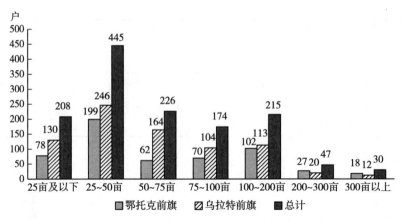

图 2-7 2020 样本户耕地面积分布图

以上的有 243 户，在拥有草地的样本户中占比 18.07%（表 2-18、图 2-8）。

表 2-18 2022 年样本户草地面积情况

	鄂托克前旗		乌拉特前旗		总计	
	数量（户）	百分比（%）	数量（户）	百分比（%）	数量（户）	百分比（%）
100 亩及以下	175	29.81	632	85.75	807	60.95
100~300 亩	73	12.44	27	3.66	100	7.43
300~500 亩	51	8.69	12	1.63	63	4.68
500~1 000 亩	79	13.46	32	4.34	111	8.25
1 000 亩及以上	209	35.60	34	4.61	243	18.07
总计	587		737		1 324	

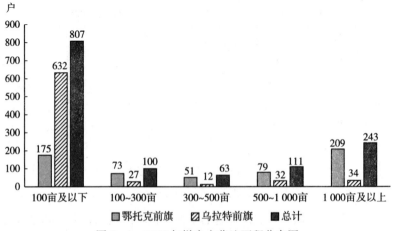

图 2-8 2022 年样本户草地面积分布图

2022 年调研中样本户的耕地面积均值是 95 亩。其中，耕地面积在 50 亩以下的有 583 户，在拥有耕地的样本户中占比 44.03%；耕地面积在 300 亩以上的有 43 户，在拥有土地的样本户中占比 3.25%（表 2-19、图 2-9）。

表 2-19　2022 年样本户耕地面积情况

	鄂托克前旗		乌拉特前旗		总计	
	数量（户）	百分比（%）	数量（户）	百分比（%）	数量（户）	百分比（%）
25 亩及以下	73	12.44	104	14.11	177	13.37
25～50 亩	185	31.52	221	29.99	406	30.66
50～75 亩	78	13.29	129	17.50	207	15.63
75～100 亩	85	14.48	112	15.20	197	14.88
100～200 亩	119	20.27	124	16.82	243	18.35
200～300 亩	24	4.09	27	3.66	51	3.85
300 亩以上	23	3.92	20	2.71	43	3.25
总计	587		737		1 324	

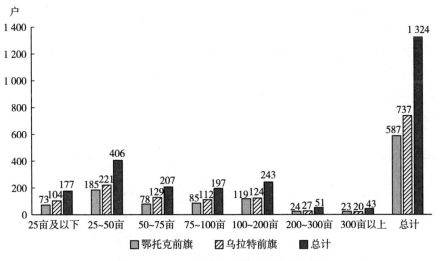

图 2-9　2022 年样本户耕地面积分布图

（二）农户土地流转情况

已有研究认为家庭联产承包责任制的土地均分到户的制度安排是导致 20 世纪 80 年代初期中国农业爆发式增长的重要原因（Lin，1992；McMillan，et al.，1989）。然而随着时间的推移，这项以土地均分为重要特征的制度带来的改革红利基本已消耗殆尽，而包括土地细碎化经营、耕地配置扭曲和利用效率低在内的不足日益凸显。自 20 世纪 80 年代中后期以来，中国农村土地制度的一系列改革也多围绕稳定、强化农民的土地承包权和鼓励、激活土地经营权市场化流转两个方向推进（罗必良，2014；钱忠好，2002）。因此，本次调研就样本户的土地流转情况进行了考察。

1. 土地转入情况

2020 年样本户中转入土地的有 382 户，占比为 28.36％。其中，鄂托克前旗的样本户中转入土地的有 75 户，占鄂托克前旗样本户的比例为 13.46％；乌拉特前旗的样本户中转入土地的有 307 户，占乌拉特前旗样本户的比例为 38.86％（表 2 - 20）。

表 2 - 20　2020 年样本户土地转入情况

	鄂托克前旗		乌拉特前旗		总计	
	数量（户）	百分比（％）	数量（户）	百分比（％）	数量（户）	百分比（％）
是	75	13.46	307	38.86	382	28.36
否	482	86.54	483	61.14	965	71.64
总计	557		790		1 347	

2022 年样本户中转入土地的有 322 户，占比为 28.32％。其中，鄂托克前旗的样本户中转入土地的有 44 户，占鄂托克前旗样本户的比例为 7.50％；乌拉特前旗的样本户中转入土地的有 278 户，占乌拉特前旗样本户的比例为 37.72％（表 2 - 21）。

表 2 - 21　2022 年样本户土地转入情况

	鄂托克前旗		乌拉特前旗		总计	
	数量（户）	百分比（％）	数量（户）	百分比（％）	数量（户）	百分比（％）
是	44	7.50	278	37.72	322	24.32
否	543	92.50	459	62.28	1 002	75.68
总计	587		737		1 324	

（1）转入形式。2020 年转入土地的样本户中，有 229 户通过出租的形式转入土地，144 户通过转包的形式转入土地，分别占样本户的 59.95％和 37.70％。其中，鄂托克前旗 2020 年转入土地的样本户中，有 45 户通过出租的形式转入土地，26 户通过转包的形式转入土地；乌拉特前旗 2020 年转入土地的样本户中，有 184 户通过出租的形式转入土地，118 户通过转包的形式转入土地（表 2 - 22、图 2 - 10）。

表 2-22 2020 年样本户土地转入形式统计

	鄂托克前旗		乌拉特前旗		总计	
	数量（户）	百分比（%）	数量（户）	百分比（%）	数量（户）	百分比（%）
出租	45	60.00	184	59.93	229	59.95
托管	2	2.67	2	0.65	4	1.05
入股	0	0.00	1	0.33	1	0.26
互换	0	0.00	0	0.00	0	0.00
转让	2	2.67	4	1.30	6	1.57
转包	26	34.67	118	38.44	144	37.70
其他	4	5.33	4	1.30	8	2.09

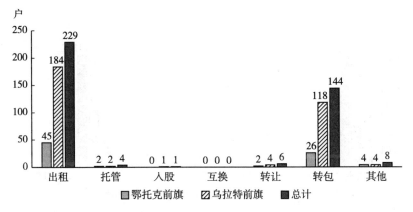

图 2-10 2020 年样本农户土地转入形式分布图

2022 年转入土地的样本户中，有 162 户通过出租的形式转入土地，147 户通过转包的形式转入土地，分别占样本户的 50.31% 和 45.65%。其中，鄂托克前旗 2022 年转入土地的样本户中，有 27 户通过出租的形式转入土地，18 户通过转包的形式转入土地；乌拉特前旗 2022 年转入土地的样本户中，有 135 户通过出租的形式转入土地，129 户通过转包的形式转入土地（表 2-23、图 2-11）。

（2）转入面积。2020 年转入土地的 382 户农户的平均转入面积为 111 亩。其中，有 218 户转入土地的面积在 50 亩及以下，78 户转入土地的面积在 100 亩以上。鄂托克前旗 2020 年转入土地的 75 户农户中，有 44 户转入土地的面积在 50 亩及以下，19 户转入土地的面积在 100 亩以上；乌拉特前旗 2020 年转入土地的 307 户农户中，有 174 户转入土地的面积在 50 亩及以下，59 户转入土地的面积在 100 亩以上（表 2-24、图 2-12）。

表 2 - 23　2022 年样本户土地转入形式统计

	鄂托克前旗		乌拉特前旗		总计	
	数量（户）	百分比（％）	数量（户）	百分比（％）	数量（户）	百分比（％）
出租	27	61.63	135	48.56	162	50.31
托管	2	4.55	2	0.72	4	1.24
入股	0	0.00	2	0.72	2	0.62
互换	0	0.00	1	0.36	1	0.31
转让	2	4.55	1	0.36	3	0.93
转包	18	40.91	129	46.40	147	45.65
其他	3	6.82	2	0.72	5	1.55

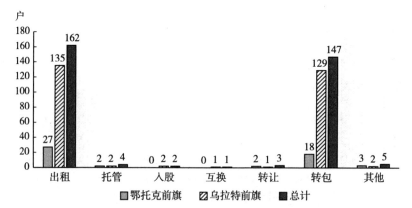

图 2 - 11　2022 年样本户土地转入形式分布图

表 2 - 24　2020 年样本户土地转入面积分布情况

	鄂托克前旗		乌拉特前旗		总计	
	数量（户）	百分比（％）	数量（户）	百分比（％）	数量（户）	百分比（％）
25 亩及以下	18	14.88	103	85.12	121	31.68
25～50 亩	26	26.80	71	73.20	97	25.39
50～75 亩	6	13.33	39	86.67	45	11.78
75～100 亩	6	14.63	35	85.37	41	10.73
100～200 亩	10	20.41	39	79.59	49	12.83
200～300 亩	6	46.15	7	53.85	13	3.40
300 亩以上	3	18.75	13	81.25	16	4.19
总计	75		307		382	

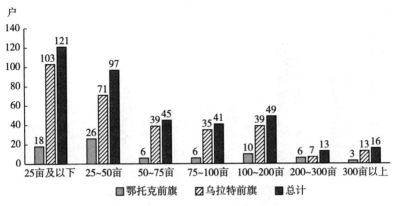

图 2 - 12　2020 年样本户土地转入面积分布图

2022 年转入土地的 322 户农户的平均转入面积为 187 亩。其中，有 158 户转入土地的面积在 50 亩及以下，164 户转入土地的面积在 50 亩以上。鄂托克前旗 2022 年转入土地的 44 户农户中，有 19 户转入土地的面积在 50 亩及以下，25 户转入土地的面积在 50 亩以上；乌拉特前旗 2022 年转入土地的 278 名农户中，有 139 户转入土地的面积在 50 亩及以下，139 户转入土地的面积在 50 亩以上（表 2 - 25、图 2 - 13）。

表 2 - 25　2022 年样本户土地转入面积分布情况

	鄂托克前旗		乌拉特前旗		总计	
	数量（户）	百分比（%）	数量（户）	百分比（%）	数量（户）	百分比（%）
25 亩及以下	8	18.18	62	22.30	70	21.74
25~50 亩	11	25.00	77	27.70	88	27.33
50~75 亩	2	4.55	34	12.23	36	11.18
75~100 亩	5	11.36	32	11.51	37	11.49
100~200 亩	13	29.55	37	13.31	50	15.53
200~300 亩	1	2.27	15	5.40	16	4.97
300 亩以上	4	9.09	21	7.55	25	7.76
总计	44		278		322	

（3）转入价格。2020 年转入土地的 382 户农户的平均转入价格为每亩 667.5 元。其中，有 104 户转入土地的价格在每亩 100~300 元，155 户转入土地的价格为每亩 300~500 元，88 户转入土地的价格在每亩 500~1 000 元（表 2 - 26）。鄂托克前旗 2020 年转入土地的 75 户农户中，有 29 户转入土地

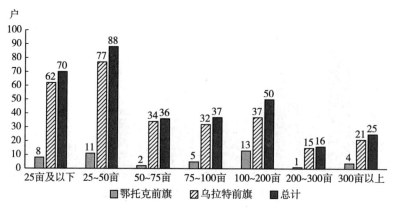

图 2-13　2022 年样本户土地转入面积分布图

的价格在每亩 100～300 元，28 户转入土地的价格在每亩 300～500 元，8 户转入土地的价格在每亩 500～1 000 元；乌拉特前旗 2020 年转入土地的 307 户农户中，有 75 户转入土地的价格在每亩 100～300 元，127 户转入土地的价格在每亩 300～500 元，80 户转入土地的价格在每亩 500～1 000 元。

表 2-26　2020 年样本户土地转入价格分布情况

	鄂托克前旗		乌拉特前旗		总计	
	数量（户）	百分比（%）	数量（户）	百分比（%）	数量（户）	百分比（%）
每亩 100 元以下	8	25.81	23	74.19	31	8.12
100～300 元/亩	29	27.88	75	72.12	104	27.23
300～500 元/亩	28	18.06	127	81.94	155	40.58
500～1 000 元/亩	8	9.09	80	90.91	88	23.04
每亩 1 000 元以上	2	50.00	2	50.00	4	1.05
总计	75		307		382	

2022 年转入土地的 322 户农户的平均转入价格为每亩 1 098 元。其中，有 35 户转入土地的价格在每亩 100～300 元，49 户转入土地的价格在每亩 300～500 元，157 户转入土地的价格在每亩 500～1 000 元（表 2-27）。鄂托克前旗 2022 年转入土地的 44 户农户中，有 7 户转入土地的价格在每亩 100～300 元，10 户转入土地的价格在每亩 300～500 元，16 户转入土地的价格在每亩 500～1 000 元；乌拉特前旗 2022 年转入土地的 278 户农户中，有 28 户转入土地的价格在每亩 100～300 元，39 户转入土地的价格在每亩 300～500 元，141 户转入土地的价格在每亩 500～1 000 元。

表 2-27 2022 年样本户土地转入价格分布情况

	鄂托克前旗		乌拉特前旗		总计	
	数量（户）	百分比（%）	数量（户）	百分比（%）	数量（户）	百分比（%）
每亩 100 元以下	8	18.18	16	5.76	24	7.45
100～300 元/亩	7	15.91	28	10.07	35	10.87
300～500 元/亩	10	22.73	39	14.03	49	15.22
500～1 000 元/亩	16	36.36	141	50.72	157	48.76
每亩 1 000 元以上	3	6.82	54	19.42	57	17.70
总计	44		278		322	

2. 土地转出情况

2020 年样本户中转出土地的有 103 户，占比为 7.65%。其中，鄂托克前旗样本户中转出土地的有 32 户，占鄂托克前旗样本户的比例为 5.75%；乌拉特前旗样本户中转出土地的有 71 户，占乌拉特前旗样本户的比例为 8.99%（表 2-28）。

表 2-28 2020 年样本户土地转出情况

	鄂托克前旗		乌拉特前旗		总计	
	数量（户）	百分比（%）	数量（户）	百分比（%）	数量（户）	百分比（%）
是	32	5.75	71	8.99	103	7.65
否	525	94.25	719	91.01	1 244	92.35
总计	557		790		1 347	

2022 年样本户中转出土地的有 70 户，占比为 5.29%。其中，鄂托克前旗的样本户中转出土地的有 17 户，占鄂托克前旗样本户的比例为 2.90%；乌拉特前旗的样本户中转出土地的有 53 户，占乌拉特前旗样本户的比例为 7.19%（表 2-29）。

表 2-29 2022 年样本户土地转出情况

	鄂托克前旗		乌拉特前旗		总计	
	数量（户）	百分比（%）	数量（户）	百分比（%）	数量（户）	百分比（%）
是	17	2.90	53	7.19	70	5.29
否	570	97.10	684	92.81	1 254	94.71
总计	587		737		1 324	

（1）转出形式。2020年转出土地的103户农户中，有69户通过出租的形式转出土地，27户通过转包的形式转出土地。鄂托克前旗2020年转出土地的32户农户中，有19户通过出租的形式转出土地，9户通过转包的形式转出土地；乌拉特前旗2020年转出土地的71户农户中，有50户通过出租的形式转出土地，18户通过转包的形式转出土地（表2-30、图2-14）。

表2-30　2020年样本户土地转出形式统计

	鄂托克前旗		乌拉特前旗		总计	
	数量（户）	百分比（%）	数量（户）	百分比（%）	数量（户）	百分比（%）
出租	19	59.38	50	70.42	69	66.99
托管	0	0.00	0	0.00	0	0.00
入股	1	3.13	0	0.00	1	0.97
互换	1	3.13	0	0.00	1	0.97
转让	1	3.13	0	0.00	1	0.97
转包	9	28.13	18	25.35	27	26.21
其他	2	6.25	3	4.23	5	4.85

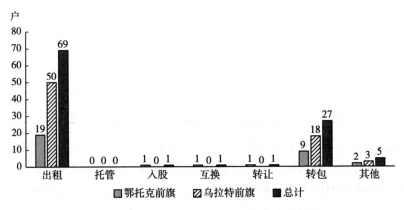

图2-14　2020年样本户土地转出形式分布图

2022年转出土地的70户农户中，有40户通过出租的形式转出土地，26户通过转包的形式转出土地。其中，鄂托克前旗2022年转出土地的17户农户中，有14户通过出租的形式转出土地，1户通过转包的形式转出土地；乌拉特前旗2022年转出土地的53户农户中，有26户通过出租的形式转出土地，25户通过转包的形式转出土地（表2-31、图2-15）。

（2）转出面积。2020年转出土地的103户农户的平均转出面积为61.5

亩。其中，有 72 户转出土地的面积在 50 亩及以下，14 户转出土地的面积在 100 亩以上。鄂托克前旗 2020 年转出土地的 32 户农户中，有 20 户转出土地的面积在 50 亩及以下，7 户转出土地的面积在 100 亩以上；乌拉特前旗 2020 年转出土地的 71 户农户中，有 52 户转出土地的面积在 50 亩及以下，7 户转出土地的面积在 100 亩以上（表 2-32、图 2-16）。

表 2-31　2022 年样本户土地转出形式统计

	鄂托克前旗		乌拉特前旗		总计	
	数量（户）	百分比（%）	数量（户）	百分比（%）	数量（户）	百分比（%）
出租	14	82.35	26	49.06	40	57.14
托管	0	0.00	0	0.00	0	0.00
入股	0	0.00	0	0.00	0	0.00
互换	0	0.00	1	1.89	1	1.43
转让	1	5.88	0	0.00	1	1.43
转包	1	5.88	25	47.17	26	37.14
其他	1	5.88	1	1.89	2	2.86

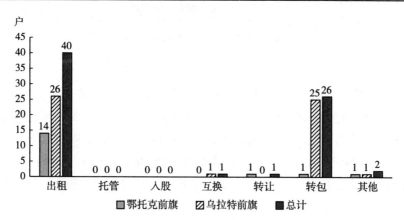

图 2-15　2022 年样本户土地转出形式分布图

表 2-32　2020 年样本户土地转出面积分布情况

	鄂托克前旗		乌拉特前旗		总计	
	数量（户）	百分比（%）	数量（户）	百分比（%）	数量（户）	百分比（%）
25 亩及以下	11	34.38	28	39.44	39	37.86
25～50 亩	9	28.13	24	33.80	33	32.04
50～75 亩	1	3.13	7	9.86	8	7.77

（续）

	鄂托克前旗		乌拉特前旗		总计	
	数量（户）	百分比（%）	数量（户）	百分比（%）	数量（户）	百分比（%）
75～100 亩	4	12.50	5	7.04	9	8.74
100～200 亩	3	9.38	6	8.45	9	8.74
200～300 亩	0	0.00	1	1.41	1	0.97
300 亩以上	4	12.50	0	0.00	4	3.88
总计	32		71		103	

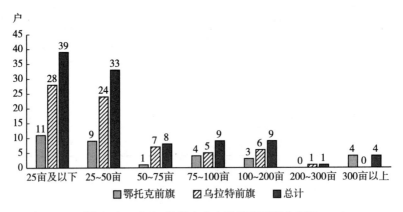

图 2-16　2020 年样本户土地转出面积分布图

2022 年转出土地的 70 户农户的平均转出面积为 67.7 亩。其中，有 48 户转出土地的面积在 50 亩及以下，13 户转出土地的面积在 100 亩以上。鄂托克前旗 2022 年转出土地的 17 户农户中，有 9 户转出土地的面积在 50 亩及以下，4 户转出土地的面积在 100 亩以上；乌拉特前旗 2022 年转出土地的 53 户农户中，有 39 户转出土地的面积在 50 亩及以下，9 户转出土地的面积在 100 亩以上（表 2-33、图 2-17）。

表 2-33　2022 年样本户土地转出面积分布情况

	鄂托克前旗		乌拉特前旗		总计	
	数量（户）	百分比（%）	数量（户）	百分比（%）	数量（户）	百分比（%）
25 亩及以下	4	23.53	24	45.28	28	40.00
25～50 亩	5	29.41	15	28.30	20	28.57
50～75 亩	1	5.88	4	7.55	5	7.14
75～100 亩	3	17.65	1	1.89	4	5.71

（续）

	鄂托克前旗		乌拉特前旗		总计	
	数量（户）	百分比（%）	数量（户）	百分比（%）	数量（户）	百分比（%）
100~200 亩	2	11.76	6	11.32	8	11.43
200~300 亩	1	5.88	2	3.77	3	4.29
300 亩以上	1	5.88	1	1.89	2	2.86
总计	17		53		70	

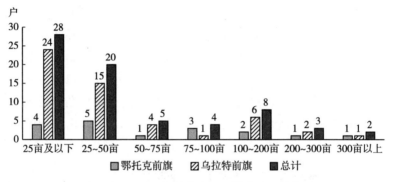

图 2-17　2022 年样本户土地转出面积分布图

（3）转出价格。2020 年转出土地的 103 户农户的平均转出价格为每亩 766.52 元。其中，有 25 户转出土地的价格在每亩 100~300 元，18 户转出土地的价格在每亩 300~500 元，42 户转出土地的价格在每亩 500~1 000 元。鄂托克前旗 2020 年转出土地的 32 户农户中，有 9 户转出土地的价格在每亩 100~300 元，4 户转出土地的价格在每亩 300~500 元，13 户转出土地的价格在每亩 500~1 000 元；乌拉特前旗 2020 年转出土地的 71 户农户中，有 16 户转出土地的价格在每亩 100~300 元，14 户转出土地的价格在每亩 300~500 元，29 户转出土地的价格在每亩 500~1 000 元（表 2-34）。

表 2-34　2020 年样本户土地转出价格分布情况

	鄂托克前旗		乌拉特前旗		总计	
	数量（户）	百分比（%）	数量（户）	百分比（%）	数量（户）	百分比（%）
每亩 100 元以下	6	18.75	10	14.08	16	15.53
100~300 元/亩	9	28.13	16	22.54	25	24.27
300~500 元/亩	4	12.50	14	19.72	18	17.48

（续）

	鄂托克前旗		乌拉特前旗		总计	
	数量（户）	百分比（%）	数量（户）	百分比（%）	数量（户）	百分比（%）
500～1 000元/亩	13	40.63	29	40.85	42	40.78
每亩1 000元以上	0	0.00	2	2.82	2	1.94
总计	32		71		103	

2022年转出土地的70户农户的平均转出价格为每亩1 196.72元。其中，有4户转出土地的价格在每亩100～300元，11户转出土地的价格在每亩300～500元，25户转出土地的价格在每亩500～1 000元。鄂托克前旗2022年转出土地的17户农户中，有1户转出土地的价格在每亩100～300元，3户转出土地的价格在每亩300～500元，12户转出土地的价格在每亩500～1 000元；乌拉特前旗2022年转出土地的53户农户中，有3户转出土地的价格在每亩100～300元，8户转出土地的价格在每亩300～500元，13户转出土地的价格在每亩500～1 000元（表2-35）。

表2-35 2020年样本户土地转出价格分布情况

	鄂托克前旗		乌拉特前旗		总计	
	数量（户）	百分比（%）	数量（户）	百分比（%）	数量（户）	百分比（%）
每亩100元以下	1	5.88	6	11.32	7	10.00
100～300元/亩	1	5.88	3	5.66	4	5.71
300～500元/亩	3	17.65	8	15.09	11	15.71
500～1 000元/亩	12	70.59	13	24.53	25	35.71
每亩1 000元以上	0	0.00	23	43.40	23	32.86
总计	17		53		70	

可以看出，样本户转入和转出的土地数量存在差异，这种差异来源可能是部分农户进行土地流转对象为村委会、政府等第三方组织，说明除农牧户自发性土地流转外，市场化的土地流转也拥有巨大潜力。建议村委会、政府等第三方组织加强农业社会化服务、加强农业先进技术推广力度，鼓励经营规模较小的土地转出户和未流转户通过组建农民专业合作社等形式实现农业生产经营的联合与合作，并为其提供有效的财政、金融支持，提升其自组织能力和发展能力。

（三）小结

综合上述分析，调研地区样本户的自然资本拥有量较高。耕地和草地资源的拥有量有较大区别，耕地资源拥有量较小，草地资源拥有量较大。其中，乌拉特前旗样本户的草地资源占有量较低，鄂托克前旗样本户的草地资源占有量较高；在耕地资源方面，鄂托克前旗100亩以下耕地规模的农户较多，而乌拉特前旗100亩以下耕地规模的农户较少。另外，调研地区土地流转的效率较低，流转形式较随意。提高土地资源利用效率对促进土地流转的规范化发展、促进农业现代化发展具有重要的意义，对现阶段农村土地流转现状、特点和问题的分析表明，要加快现代农业的发展步伐就必须对我国农村土地流转进行深入的改革与创新。为此提出以下几点建议：

（1）完善农村土地产权，明确土地流转利益主体。目前我国农村已经形成了"三权分离"的局面，即土地归社区"集体"所有（所有权）、农民按户承包（承包权）、土地经营权可以自由流转（经营权）。土地承包权还具有将土地所有权在社区"集体"与农户之间进行分割的功能，因而具有部分土地所有权的性质。未来我国农村土地产权制度改革应以"三权分离"作为基本点，确保农民对土地的长期甚至永久的承包权，明确土地承包权的物权属性，使广大农民成为真正的土地流转利益主体。

（2）完善土地流转中介组织，促进土地高效有序集中。我国农村土地在生产、经营等方面的私人利益属性与资源、政治等方面的公共利益属性，要求必须建立一个土地国家宏观调控与土地微观市场化运作相结合的土地流转机制。换言之，就是要在现有的"三权分离"现状和与此相适应的土地治权结构下，充分发挥市场机制在土地流转中的作用。因此，需要进一步完善中介服务组织，形成"土地流出—中介服务组织—土地流入"的土地流转机制，建立一个组织健全、运作高效、服务周全的土地流转中介体系与服务网络，为土地流转的供求双方提供交易信息，实现土地流转从"散户—散户"的分散性自发流转向"散户—中介服务组织—大户"的有序化、市场化、组织化流转的转变，为土地的规模经营提供快速、高效的土地流转与聚集机制。

三、物质资本

物质资本指农户用于生产生活的基础设施和物质工具。物质资本的占有量体现农户家庭物质财富的存量，也是农户生活质量的一种体现。本报告将农户家庭拥有的耐用消费品、家庭住房等作为衡量物质资本的指标。

（一）农户住房状况

调研组 2020 年共收取样本户住房相关数据 1 157 条。根据调研数据，大多数农户拥有 1 套房产，占到样本总数的 75.19％；20.83％的农户拥有 2 套房产；拥有 3 套及以上房产的农户占 3.28％；极少数农户拥有房产数为 0，占总样本数的 0.69％。鄂托克前旗和乌拉特前旗样本户中拥有住房数最多的均为 5 套（表 2-36）。

表 2-36　2020 年样本户拥有住房数量统计表

	鄂托克前旗		乌拉特前旗		总计	
	数量（户）	百分比（％）	数量（户）	百分比（％）	数量（户）	百分比（％）
0 套	4	0.90	4	0.56	8	0.69
1 套	322	72.85	548	76.64	870	75.19
2 套	96	21.72	145	20.28	241	20.83
3 套	16	3.62	15	2.10	31	2.68
4 套	3	0.68	2	0.28	5	0.43
5 套	1	0.23	1	0.14	2	0.17
总计	442		715		1 157	

2022 年调研时共获得住房状况数据 390 条。根据调研数据，大多数农户拥有 1 套房产，占到样本总数的 67.95％；25.90％的农户拥有 2 套房产；拥有 3 套及以上房产的农户占 5.40％；极少数农户拥有房产数为 0，占总样本数的 0.77％。乌拉特前旗样本户中拥有住房数最多的为 4 套，鄂托克前旗样本户中拥有住房数最多的为 6 套（表 2-37，图 2-18）。

表 2-37　2022 年样本户拥有住房数量统计表

	鄂托克前旗		乌拉特前旗		总计	
	数量（户）	百分比（％）	数量（户）	百分比（％）	数量（户）	百分比（％）
0 套	2	1.12	1	0.47	3	0.77
1 套	118	66.29	147	69.34	265	67.95
2 套	45	25.28	56	26.42	101	25.90
3 套	8	4.49	7	3.30	15	3.85
4 套	3	1.69	1	0.47	4	1.03

（续）

	鄂托克前旗		乌拉特前旗		总计	
	数量（户）	百分比（%）	数量（户）	百分比（%）	数量（户）	百分比（%）
5 套	1	0.56	0	0.00	1	0.26
6 套	1	0.56	0	0.00	1	0.26
总计	178		212		390	

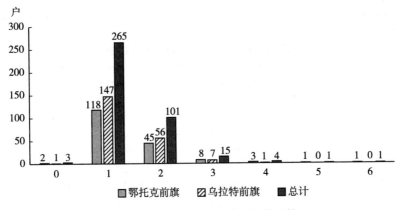

图 2 - 18　2022 样本户拥有住房数量情况

关于住房是否为单元房或商品房，2020 年的调研数据显示，有 64.82% 的农户的住房为单元房或商品房；407 户农户的住房非单元房或商品房，占总样本数的 35.18%。这一指标在两旗没有呈现太大差异（表 2 - 38）。2022 年的调研数据显示，有 17.90% 的农户的住房为单元房或商品房，这一比例在乌拉特前旗较高，为 21.13%，鄂托克前旗则为 14.04%（表 2 - 39）。

表 2 - 38　2020 年样本户住房类型统计表

	鄂托克前旗		乌拉特前旗		总计	
	数量（户）	百分比（%）	数量（户）	百分比（%）	数量（户）	百分比（%）
非单元房/商品房	151	34.16	256	35.80	407	35.18
单元房/商品房	291	65.84	459	64.20	750	64.82
总计	442		715		1 157	

关于农户对住房的预估售价，2022 年调研收集到的 365 条数据显示，样本户对住房售价的预估均值为 34 万余元，中位数为 20 万元。其中，乌拉特前旗住房预估售价均值较高，为 48.79 万元，并且中位数高达 30 万元；鄂托克

前旗住房预估售价均值为 21.56 万元，中位数为 15 万元（表 2-40）。

表 2-39　2022 样本户住房类型统计表

	鄂托克前旗		乌拉特前旗		总计	
	数量（户）	百分比（%）	数量（户）	百分比（%）	数量（户）	百分比（%）
非单元房/商品房	153	85.96	168	78.87	321	82.10
单元房/商品房	25	14.04	45	21.13	70	17.90
总计	178		213		391	

表 2-40　2022 年样本户房屋价值自评描述性统计（万元）

	平均	最小值	最大值	中位数	众数	标准差	观测数
总样本	34.09	0	720	20	20	586 454.76	365
鄂托克前旗	21.56	0	200	15	10	248 175.24	197
乌拉特前旗	48.79	1	720	30	20	798 183.67	168

关于农户房屋结构，2022 年调研数据显示，有 74.94% 的农户房屋结构为砖混结构，25.58% 的农户房屋结构为钢筋混凝土结构，只有 0.26% 的农户住房为蒙古包。这说明在调研地区，砖混结构房屋最受欢迎，其次是钢筋混凝土结构房屋，而随着民族融合，蒙古包结构的住房逐渐淡出人们的视野。此外，砖混结构的住房在乌拉特前旗更为普遍，有 83.10% 的受访农户拥有砖混结构的住房，只有 17.84% 的受访农户拥有钢筋混凝土结构的住房；相比之下，在鄂托克前旗，有 34.83% 的受访农户拥有钢筋混凝土结构住房，拥有砖混结构住房的受访农户占比为 65.17%。两旗数据对比在一定程度上能够反映出不同地区的房屋结构的差异（表 2-41）。

表 2-41　2022 年样本户房屋结构统计

	鄂托克前旗		乌拉特前旗		总计	
	数量（户）	百分比（%）	数量（户）	百分比（%）	数量（户）	百分比（%）
钢筋混凝土	62	34.83	38	17.84	100	25.58
砖混结构	116	65.17	177	83.10	293	74.94
蒙古包	1	0.56	0	0.00	1	0.26
其他结构	7	3.93	7	3.29	14	3.58
总计	178		213		391	

（二）农机拥有情况

2020 年调研时，样本户中拥有农业生产机械的农户为 981 户，占比为 72.83％。其中，拖拉机的保有量最高，有 854 户拥有拖拉机。共有农机的样本户中，同他人共同拥有农业生产机械的农户为 72 户，占比为 5.35％。其中，播种机的共有率最高，有 24 户同他人共有播种机。

2022 年调研共获取有效数据 1 324 条，有 1 035 户农户家庭拥有农业生产机械，占比为 78.17％；287 户农户家庭完全没有农机，占比为 21.68％（图 2 - 19）。其中，保有量最高的农业生产机械仍然是拖拉机，占到样本总数的 54.91％。除拖拉机外，保有量前五的农业生产机械分别是播种机、电动三轮车、打药机、皮卡等运输车辆以及旋耕机，拥有比例分别为 40.03％、37.46％、29.83％、21.68％、20.17％。保有量较低的农业生产机械有无人植保机、食品加工机等，其拥有比例不足 1％。所有样本户均未购置土壤检测设备。一定程度上可以看出，农户的农业生产机械化程度较高，但农业智能化生产还有很长的路要走。

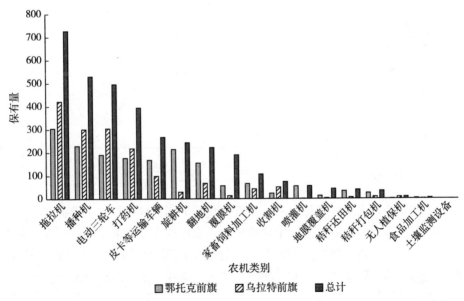

图 2 - 19　2022 年样本户农业生产机械统计图

另外，不同种类的农机在两旗样本户中的保有量有一定的差异。例如，鄂托克前旗的样本户中，旋耕机、翻地机、喷灌机、秸秆还田机、秸秆打包机等的拥有比例远高于乌拉特前旗，而乌拉特前旗的样本户中，无人植保机、覆膜机的拥有比例远高于鄂托克前旗（表 2 - 42）。产生这些差异的原因可能与各地政府对于当地农业生产的支持性政策不同有关。

表 2 - 42 2022 年样本户农业生产机械统计表

农业生产机械	鄂托克前旗		乌拉特前旗		总计
	数量	百分比（%）	数量	百分比（%）	
拖拉机	305	41.95	422	58.05	727
播种机	229	43.21	301	56.79	530
电动三轮车	191	38.51	305	61.49	496
打药机	177	44.81	218	55.19	395
皮卡等运输车辆	168	62.92	99	37.08	267
旋耕机	214	88.07	29	11.93	243
翻地机	155	69.82	67	30.18	222
覆膜机	56	29.47	134	70.53	190
家畜饲料加工机	65	60.75	42	39.25	107
收割机	23	31.51	50	68.49	73
喷灌机	54	98.18	1	1.82	55
地膜覆盖机	13	30.23	30	69.77	43
秸秆还田机	33	84.62	6	15.38	39
秸秆打包机	25	73.53	9	26.47	34
无人植保机	1	11.11	8	88.89	9
食品加工机	3	75.00	1	25.00	4
土壤监测设备	0	0.00	0	0.00	0

（三）小结

通过对物质资本的指标分析，发现在住房方面，样本户基本都拥有 1 套住房且房屋多独立于户，且不同于城市住房，房屋的主要功能是自住；在农业生产机械上，七成以上样本户拥有农机，总的来说调研地区的机械化程度较高。农户的物质资本特征体现了农户的收入状况，寻找农户多方增收的途径有利于促进农户物质资本的增加。

四、金融资本

金融资本指在消费和生产过程中人们为了取得生计目标所需要的积累和流

动，简单来说就是指个人用于购买消费品和生产资料的现金、个人借款及可以获得的贷款。农户金融资本指农户在生产和生活中可支配和可筹措的资金，主要包括：农户进行生产活动获得的现金收入，政府补贴以及从金融机构和其他个人处获得的贷款、无偿援助等。农户借贷不是本次调研主要关注的内容，本节中金融资本的具体指标设置为农户的收入状况。

（一）农户收入状况

农户的收入主要来源于其就业。2020 年调研的样本户的 2019 年全年家庭收入均值为 16.33 万元，其中种植收入均值为 9.33 万元、养殖收入均值为 5.17 万元、非农收入均值为 1.24 万元。鄂托克前旗的样本户 2019 年全年家庭收入均值为 18.03 万元，其中种植收入均值为 7.46 万元、养殖收入均值为 8.16 万元、非农收入均值为 1.63 万元。乌拉特前旗的样本户 2019 年全年家庭收入均值为 15.15 万元，其中种植收入均值为 10.64 万元、养殖收入均值为 30 838.2 元、非农收入均值为 0.96 万元。

2022 年调研的样本户的 2021 年全年家庭收入均值为 31.40 万元，其中种植收入均值为 21.86 万元、养殖收入均值为 6.59 万元、非农收入均值为 2.31 万元、自主经营收入均值为 0.68 万元、兼业打工收入均值为 0.63 万元、其他收入均值为 0.47 万元、补贴收入均值为 0.71 万元。鄂托克前旗的样本户 2021 年全年家庭收入均值为 23.65 万元，其中种植收入均值为 10.03 万元、养殖收入均值为 9.79 万元、非农收入均值为 2.22 万元、自主经营收入均值为 0.82 万元、兼业打工收入均值为 0.57 万元、其他收入均值为 0.40 万元、补贴收入均值为 0.80 万元。乌拉特前旗的样本户 2021 年全年家庭收入均值为 37.66 万元，其中种植收入均值为 31.28 万元、养殖收入均值为 4.04 万元、非农收入均值为 2.38 万元、自主经营收入均值为 0.57 万元、兼业打工收入均值为 0.67 万元、其他收入均值为 0.53 万元、补贴收入均值为 0.53 万元（表 2 - 43）。

表 2 - 43　2021 年样本户家庭收入平均情况（万元）

	总收入	种植收入	养殖收入	非农收入	自主经营收入	兼业打工	其他收入	补贴收入
总样本	31.40	21.86	6.59	2.31	0.68	0.63	0.47	0.71
乌拉特前旗	37.66	31.28	4.04	2.38	0.57	0.67	0.53	0.53
鄂托克前旗	23.65	10.03	9.79	2.22	0.82	0.57	0.40	0.80

通过对比可以发现，鄂托克前旗样本户的养殖收入均值明显高于乌拉特

前旗，而乌拉特前旗样本户的种植收入均值高于鄂托克前旗，这可能与区域地形以及种养结构有关。此外，蒙古族农户多居于牧区，更擅长养殖，汉族农户更擅长种植，而鄂托克前旗的蒙古族样本农户比例远高于乌拉特前旗。需要再次说明的是，对比 2020 年与 2022 年调研数据，发现 2021 年样本户家庭总收入、种植收入大幅高于 2019 年，主要原因可能是 2022 年调研中新增玉米种植大户作为样本，在种植收入和家庭总收入两项指标中，有部分极端值被纳入有效样本的分析中，这一点可以在表 2 - 44 各指标的最大值中有所体现。

表 2 - 44 2022 年样本户家庭收入情况描述性统计（万元）

	总收入	种植收入	养殖收入	非农收入	自主经营收入	兼业打工	其他收入	补贴收入
平均	31.40	21.86	6.59	2.31	0.68	0.63	0.47	0.71
中位数	15.00	8.00	2.00	0.15	0	0	0	0.22
标准差	1 669 704	1 622 474	279 897	65 515.32	38 728.77	23 221	22 383.16	49 821.8
峰度	579.27	639.2	753.43	210.11	103.86	170.44	98.28	673.26
偏度	23.17	24.73	24.79	11.2	9.09	10.09	8.19	24.53
最小值	−35.00	−37.00	0	0	0	0	0	0
最大值	4 565.36	4 548.96	888.00	150.00	58.00	50.00	40.00	150.00
观测数	1 322	1 320	1 320	1 319	1 320	1 320	1 320	1 312

（二）小结

国家统计局指出，低收入群体是指调查对象月收入在 2 000 元以下的群体，中等收入群体是指月收入在 2 000～5 000 元的群体，较高收入群体是指月收入在 5 000～10 000 元的群体，高收入群体是指月收入在 1 万元以上的群体。根据国家统计局统计，2018 年全国居民人均可支配收入中位数为 24 336 元。《2018 年国民经济和社会发展统计公报》显示，按全国居民五等份收入分组，低收入组人均可支配收入 6 440 元，中等偏下收入组人均可支配收入 14 361 元，中等收入组人均可支配收入 23 189 元，中等偏上收入组人均可支配收入 36 471 元，高收入组人均可支配收入 70 640 元。综合对样本户金融资本的描述，可以看出，调研地区的农户年收入水平属于中等偏上的水平，金融资本拥有量较高。

五、社会资本

社会资本是指行为主体与社会的各种关联并以这种关联为基础获得各种稀缺资源的能力，是人与人之间的联系，存在于人际关系的结构之中，有利于提升社会运行的效率。社会资本的基本成分包括网络、规范以及信任。此次调研的关注点侧重于农户及其家庭社会资本的拥有情况。社会关系是社会资本的主要成分，农户及家庭社会网络代表个人如何获取或使用嵌入在社会网络中的资源。社会关系的广度、频度能够体现社会资本的拥有状况，主要用要好的亲戚朋友在政府机关工作的人数、春节互相拜年的户数以及能否借到钱修缮房屋等进行衡量。具体调研结果如下：

（一）社会关系的广度

在社会关系的广度上，以农户家庭为单位，2020 年调研时将农户家庭的社会关系范围代理指标设置为："2020 年您有多少位亲戚朋友在银行、政府、学校等公共事业单位工作？"2022 年调研时考虑到定位法测量社会资本的标准，在公共事业单位工作的亲戚、朋友、同学、同事因为工作属性的关系，可能具有更广泛的社会网络，故将代理指标细化为："2021 年您有多少位亲戚朋友在政府等公共事业单位工作？""2021 年您有多少位亲戚、朋友在银行、学校等公共事业单位工作？"社会关系强弱的不同会有不同的影响，本报告将社会关系广度的具体指标分为五类：拥有人数以 0 人为基准，分为 0 人、1～3 人、4～7 人、8～10 人及 10 人以上五类，代表社会关系的广度不断增强。

2020 年调研中，样本户平均有 1.6 位亲戚朋友在公共事业单位工作，有 824 户没有亲戚朋友在公共事业单位工作，占比为 61.17%。有亲戚朋友在公共事业单位工作的农户中，以 1～3 位亲戚朋友在公共事业单位工作为主，占比为 26.21%，只有 2.6% 的样本户有超过 10 位亲戚朋友在公共事业单位工作。其中，鄂托克前旗的样本户中有 316 户没有亲戚朋友在公共事业单位工作，占鄂托克前旗样本的比例为 56.73%；乌拉特前旗的样本户中有 508 户没有亲戚朋友在公共事业单位工作，占乌拉特前旗样本的比例为 64.30%（表 2 - 45）。

表 2 - 45　2020 年样本户在公共事业单位工作的亲戚朋友分布

	鄂托克前旗		乌拉特前旗		总计	
	数量（户）	百分比（%）	数量（户）	百分比（%）	数量（户）	百分比（%）
没有	316	56.73	508	64.30	824	61.17
1～3 位	145	26.03	208	26.33	353	26.21
4～6 位	53	9.52	47	5.95	100	7.42
7～10 位	20	3.59	15	1.90	35	2.60
10 位以上	23	4.13	12	1.52	35	2.60
总计	557		790		1 347	

　　根据 2022 年调研数据，受访者在 2021 年平均有 1.7 位亲戚朋友在政府等公共事业单位工作，有 860 户没有亲戚朋友在政府等公共事业单位工作，占比为 64.95%。有亲戚朋友在政府等公共事业单位工作的农户中，以 1～3 位亲戚朋友在政府等公共事业单位工作为主，占比为 21.60%，只有 2.64% 的样本户有超过 10 位亲戚朋友在政府等公共事业单位工作。其中，鄂托克前旗的样本户中有 311 户没有亲戚朋友在政府等公共事业单位工作，占鄂托克前旗样本户的比例为 52.98%；乌拉特前旗的样本户中有 549 户没有亲戚朋友在政府等公共事业单位工作，占乌拉特前旗样本户的比例为 74.16%（表 2 - 46）。

表 2 - 46　2021 年样本户在政府等公共事业单位工作的亲戚朋友分布

	鄂托克前旗		乌拉特前旗		总计	
	数量（户）	百分比（%）	数量（户）	百分比（%）	数量（户）	百分比（%）
没有	311	52.98	549	74.49	860	64.95
1～3 位	147	25.04	139	18.86	286	21.60
4～6 位	73	12.44	33	4.48	106	8.01
7～10 位	27	4.60	9	1.22	37	2.79
10 位以上	29	4.94	7	0.95	35	2.64
总计	587		737		1 324	

　　2021 年样本户平均有 0.8 位亲戚朋友在银行、学校等公共事业单位工作，有 888 户没有亲戚朋友在银行、学校等公共事业单位工作，占比为 67.07%。有亲戚朋友在银行、学校等公共事业单位工作的农户中，以 1～3 位亲戚朋友在银行、学校等公共事业单位工作为主，占比为 27.34%，只有 0.45% 的样本户有超过 10 位亲戚朋友在银行、学校等公共事业单位工作。鄂托克前

旗的样本户中有 354 户没有亲戚朋友在银行、学校等公共事业单位工作，占鄂托克前旗样本的比例为 60.31%；乌拉特前旗的样本户中有 534 户没有亲戚朋友在银行、学校等公共事业单位工作，占乌拉特前旗样本的比例为 72.46%（表 2-47）。

表 2-47　2021 年样本户在银行、学校等公共事业单位工作的亲戚朋友分布

	鄂托克前旗		乌拉特前旗		总计	
	数量（户）	百分比（%）	数量（户）	百分比（%）	数量（户）	百分比（%）
没有	354	60.31	534	72.46	888	67.07
1～3 位	188	32.03	174	23.61	362	27.34
4～6 位	32	5.45	18	2.44	50	3.78
7～10 位	9	1.53	8	1.09	18	1.36
10 位以上	4	0.68	3	0.41	6	0.45
总计	587		737		1 324	

（二）社会关系的频度

春节在中国有特殊的文化意义，春节拜年的户数在一定程度上代表了农户家庭的社会资本。因此，家庭社会关系频度运用农户春节拜年活动户数进行衡量，具体有以下 2 个问题：一是"2019 年/2022 年春节期间，您家到多少户人家拜年？"二是"2019 年/2020 年春节期间有多少户到您家上门拜年？"去拜年的户数与来农户家拜年的户数形成了一种社会关系的互动，互动的频率反映其社会关系的强度，具体强度的测量按照没有、1～5 户、6～10 户、11～15 户、16～20 户、20 户以上分为六个层次。

2020 年调研数据显示，样本户的拜年网络中不论是去拜年的户数还是来样本户家拜年的户数均以没有居多。总体上看，样本户去拜年的户数和来样本户家拜年户数按照从大到小的排序均为 0 户、1～5 户、6～10 户、11～15 户、20 户以上、16～20 户（表 2-48、表 2-49）。样本户春节期间拜年往来的户数集中在 1～15 户，且存在跳跃性，20 户以上的情况优于 16～20 户（图 2-20）。其中，鄂托克前旗样本户去拜年的户数和来拜年的户数按照从大到小的排序均为 0 户、1～5 户、6～10 户、11～15 户、20 户以上、16～20 户（图 2-21）；乌拉特前旗来样本户家拜年的户数按照从大到小的排序与总体一致，为 0 户、1～5 户、6～10 户、11～15 户、20 户以上、16～20 户，而样本户去拜年的户数则未表现出跳跃性，按照从大到小的排序为 0 户、1～5 户、6～10 户、11～

15户、16～20户、20户以上（图2-22）。

表2-48 2019年春节样本户去拜年的户数分布

	鄂托克前旗		乌拉特前旗		总计	
	数量（户）	百分比（%）	数量（户）	百分比（%）	数量（户）	百分比（%）
没有	183	32.85	273	34.56	456	33.85
1～5户	141	25.31	191	24.18	332	24.65
6～10户	87	15.62	117	14.81	204	15.14
11～15户	62	11.13	81	10.25	143	10.62
16～20户	34	6.10	67	8.48	101	7.50
20户以上	50	8.98	61	7.72	111	8.24
总计	557		790		1 347	

表2-49 2019年春节来样本户家拜年的户数分布

	鄂托克前旗		乌拉特前旗		总计	
	数量（户）	百分比（%）	数量（户）	百分比（%）	数量（户）	百分比（%）
没有	189	33.93	245	31.01	434	32.22
1～5户	130	23.34	193	24.43	323	23.98
6～10户	95	17.06	136	17.22	231	17.15
11～15户	53	9.52	90	11.39	143	10.62
16～20户	38	6.82	61	7.72	99	7.35
20户以上	52	9.34	65	8.23	117	8.69
总计	557		790		1 347	

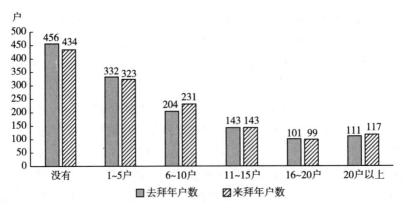

图2-20 2019年春节拜年来往情况

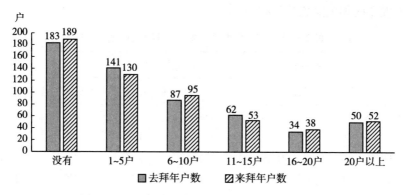

图 2-21　鄂托克前旗 2019 年春节拜年来往情况

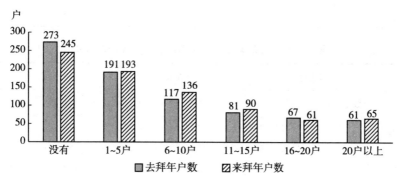

图 2-22　乌拉特前旗 2019 年春节拜年来往情况

2022 年调研数据显示，在样本户的拜年网络中不论是去拜年的户数还是来样本户家拜年的户数均以 6～10 户居多。总体上看，样本户去拜年的户数按照从大到小的排序依次为 6～10 户、1～5 户、11～15 户、0 户、20 户以上、16～20 户，而来样本户家拜年的户数按照从大到小的排序依次为 6～10 户、1～5 户、11～15 户、0 户、16～20 户、20 户以上（表 2-50、表 2-51）。样本户春节间拜年往来的户数基本呈正态分布（图 2-23），这与 2020 年调研所得结果有所不同。其中，鄂托克前旗样本户去拜年的户数和来样本户家拜年的户数按照从大到小的排序依次为 1～5 户、6～10 户、11～15 户、0 户、20 户以上、16～20 户（图 2-24），以 1～5 户最多在一定程度上反映出鄂托克前旗样本户的社会关系频度整体偏低，且存在跳跃性；乌拉特前旗样本户去拜年的户数和来样本户家拜年的户数按照从大到小的排序依次为 6～10 户、1～5 户、11～15 户、0 户、16～20 户、20 户以上（图 2-25）。对比两次调研结果可以发现，2019 年春节没有进行拜年往来的样本最多，可能是同疫情防控期间地方发布的相关隔离政策有关。

表 2-50 2022 年春节样本户去拜年的户数分布

	鄂托克前旗		乌拉特前旗		总计	
	数量（户）	百分比（%）	数量（户）	百分比（%）	数量（户）	百分比（%）
没有	87	14.82	114	15.47	201	15.18
1～5 户	150	25.55	147	19.95	297	22.43
6～10 户	142	24.19	181	24.56	328	24.77
11～15 户	92	15.67	130	17.64	222	16.77
16～20 户	51	8.69	82	11.13	133	10.05
20 户以上	65	11.07	83	11.26	143	10.80
总计	587		737		1 324	

表 2-51 2022 年春节来样本户家拜年的户数分布

	鄂托克前旗		乌拉特前旗		总计	
	数量（户）	百分比（%）	数量（户）	百分比（%）	数量（户）	百分比（%）
没有	75	12.78	103	13.98	178	13.44
1～5 户	153	26.06	146	19.81	299	22.58
6～10 户	144	24.53	203	27.54	352	26.59
11～15 户	85	14.48	123	16.69	208	15.71
16～20 户	62	10.56	84	11.40	146	11.03
20 户以上	68	11.58	78	10.58	141	10.65
总计	587		737		1 324	

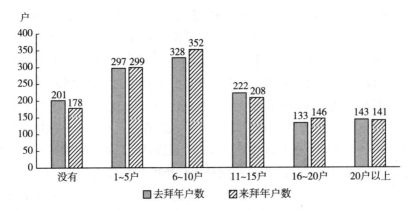

图 2-23 2022 年春节拜年来往情况

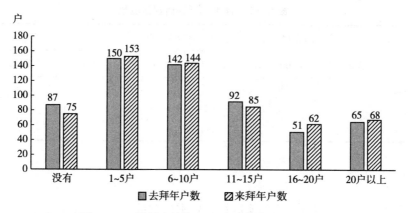

图 2-24 鄂托克前旗 2022 年春节拜年来往情况

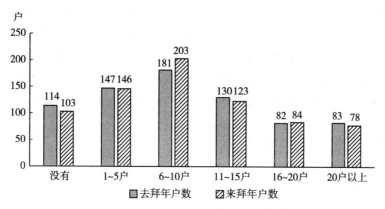

图 2-25 乌拉特前旗 2022 年春节拜年来往情况

另外,在 2022 年调研时设置了问题"您家买房子或者修缮房子遇到资金困难时,能借到钱完成这些工作吗?"由于农户借钱的目的是用来应急,不是用以从事其他营利性活动或用以储蓄,因而能否借到钱在一定程度上能够反映样本户家庭社会网络的质量,本报告将这一问题纳入社会资本的考量中。在这一问题上,约九成样本户相信自己能够借到钱,其余样本户认为自己没有办法借到钱来完成购置房屋或修缮房屋的工作。具体来说,在鄂托克前旗,认为能够借到钱的样本户有 533 户,占鄂托克前旗样本数的 90.80%,认为无法借到钱应急的农户有 54 户,占比为 9.20%;在乌拉特前旗,认为能够借到钱的样本户有 656 户,占乌拉特前旗样本数的 89.01%,认为无法借到钱应急的农户有 81 户,占比为 10.99%(表 2-52)。这一指标反映出两旗样本户的社会网络质量较高,且鄂托克前旗略优于乌拉特前旗。

表 2 - 52　样本户能否借到钱应急

	鄂托克前旗		乌拉特前旗		总计	
	数量（户）	百分比（%）	数量（户）	百分比（%）	数量（户）	百分比（%）
不能	54	9.20	81	10.99	135	10.20
能	533	90.80	656	89.01	1 189	89.80
总计	587		737		1 324	

（三）小结

总体而言，虽然样本户的家庭社会资本拥有量较高，家庭社会关系的范围适中，但调研地区农村社会资本的发展仍有较大空间。如何培育农村社会资本，可以从以下几方面着手：首先，进一步发挥社会性服务机构对农户家庭发展能力的培育，提供技能培训等教育性项目；其次，加大农村教育投入，增强农村家庭发展能力，从农户自身拓宽社会关系网络；第三，开拓多种类型的信息获取渠道，增强社会关系的联结；最后，建立健全社会化服务体系，为农户参与各种团体和活动提供渠道，拓宽农户社会关系网络。

六、结论与政策建议

（一）结论

综合上述分析，可以得出以下结论：

（1）鄂托克前旗和乌拉特前旗的样本户户主绝大部分为已婚男性，身体素质基本上属于正常水平，农户受教育水平普遍偏低，农村教育仍是农村地区人力资本的短板。相较鄂托克前旗，乌拉特前旗受访者的受教育水平更高、汉化程度更深。总的来说，调研地区人力资本水平呈现出一定的空间相关性。

（2）样本户自然资本拥有量较高，不同区域之间存在一定的差异。总的来说，耕地和草地资源拥有量有较大的区别：耕地资源拥有量较小，草地资源拥有量较大。乌拉特前旗样本户的草地资源占有量较低，而鄂托克前旗样本户的草地资源占有量较高。不同区域之间种养结构差异与自然资本有关，自然资本的区域差异在很大程度上导致了不同区域农产品种类、质量的差异。另外，样本县土地流转的效率较低，流转形式较随意。

（3）在住房方面，被调研农户基本都拥有一套住房，且房屋多独立于户。不同于城市住房，农村居民房屋的主要功能是自住。

（4）在农业生产机械和农户金融资本上，七成以上样本户家庭拥有农机，总的来说调研地区的机械化程度较高。另外，样本户年收入水平属于中等偏上的水平，金融资本拥有量较高。

（5）在社会资本方面，鄂托克前旗和乌拉特前旗的样本户家庭社会资本拥有量较高，家庭社会关系的范围适中，但仍有较大发展空间。

（二）政策建议

根据调研情况给出以下政策建议：

（1）应进一步加大对农村地区的教育投入，改善当地办学条件，支持农村教育事业的发展；认真落实义务教育制度，重点支持农村地区、贫困地区、少数民族地区义务教育的发展，提升农村人力资本的质量。

（2）提高土地资源利用效率对促进土地流转的规范化发展、促进农业现代化发展具有重要的意义，政府可以通过完善农村土地产权关系来明确土地流转利益主体，通过完善土地流转中介组织促进土地高效有序集中。

（3）构建高质量社会网络，促进农村家庭社会资本的提升。引导农户通过参与产业链组织来突破传统社会资本的局限，丰富组织型社会资本，有效提升农村社会资本质量；同时也可以通过加大农业教育投入、开拓信息获取渠道、健全社会化服务体系等培育农村社会资本。

第三章　农业生产投入产出

当前，我国农户的农业投入是农业生产最直接和最大量的投入，包括物质投入、劳动投入、科技投入和管理投入（曾启，1991）。研究农户农业投入产出，不但可以从侧面了解国家农业的投入产出效果，从国家农业投入产出的结构、水平入手研究国家农业产业发展的有效管理政策，还可以切实研究农户农业投入产出的水平结构和产出效果（庞辉，2015），为制定加速农业发展的新的有效的农业投入产出对策提供科学依据。

本章根据 2020 年和 2022 年调研数据分析了样本户农业生产投入产出的情况。

一、种植业投入产出

鄂托克前旗和乌拉特前旗的农作物包括玉米、向日葵、西瓜、辣椒和苜蓿等 10 余种，玉米、向日葵等是两地的主要农作物。通过分析调研取得的重要农作物数据，可以有效地对样本县种植业结构进行分析。

（一）调研地区种植业结构分析

从样本县主要农作物种植面积来看，种植业以玉米种植为主，苜蓿、西瓜、辣椒、向日葵、萝卜为其他主要农作物，马铃薯、葫芦、黄芪等在样本县小范围种植。图 3-1 为 2022 年样本县 6 种主要农作物在调研所获总种植面积中所占的比重。其中，玉米的种植面积为 152 260.20 亩，占调研地区种植总面积的 87.85%，在主要农作物中占比最大；苜蓿种植面积为 11 734.50 亩，占调研地区种植总面积的 6.77%；西瓜种植面积为 3 500 亩，占调研地区种植总面积的 2.02%；辣椒种植面积为 3 031 亩，占调研地区种植总面积的 1.75%；向日葵种植面积与辣椒相差不大，为 2 552.90 亩，占调研地区种植总面积的 1.47%；萝卜种植面积为 248 亩，占调研地区种植总面积的 0.14%，在 6 种主要农作物中占比最低。

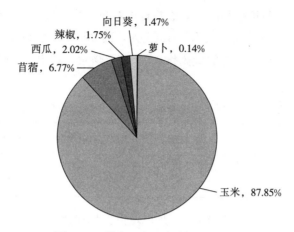

图 3-1　样本县主要农作物种植结构

（二）玉米种植过程分析

本次调研随机抽取了种植玉米的农户，以玉米种植过程中的投入为主要分析对象，即调研农户在玉米种植过程中的种子、灌溉、覆膜、施肥、农药等投入。

1. 玉米种植耕整地投入

耕地是农业耕作中最基本的作业，主要目的是通过翻耕，将压实板结的表层土壤连同地表杂草、残茬、虫卵、草籽、绿肥或厩肥等一起埋到沟底，起到松碎土壤，改善耕层结构，促进土壤中的水、肥、气、热相互协调，消灭杂草和病虫，提高土壤肥力的作用，为作物生长发育创造良好的土壤条件（桂伟峰，2017）。耕整地相关问题共有 1 330 户农户做了有效回答，有 36.92% 的农户在此环节雇用了劳动力。自家实际劳动工时（包含监工）方面，有 9.00% 的农户自身不需要投入劳动时间，总体来看，农户的平均投入时间为 99.32 小时。

2. 玉米种植播种投入

播种是种植业重要的作业环节之一。种子是农业生产过程中的基础生产资料，是农作物生长发育的前提。优质的种子可以促进我国种植业的发展，有利于农作物质量的提高。有 1 143 户农户回答了播种环节的有关问题。在种子品种方面，至少有 202 户农户不清楚使用的种子品种名称。大部分农户每亩播种的种子数量分布在 4 000～8 000 粒，这部分农户占比为 97.25%。表 3-1 描述了玉米种植过程中平均每亩土地玉米种子成本投入情况，从 2020 年与 2022

年调研数据来看，两年获得的有效农户样本数量均为 1 329 户。2020 年，农户平均每亩土地玉米种子的投入为 151.03 元，而 2022 年为 119.15 元，下降了 31.88 元。2020 年每亩土地的最高投入为 13 000 元，高于 2022 年 8 000 元的最高投入。

表 3-1　每亩土地玉米种子成本描述性统计（元/亩）

	平均	最小值	最大值	中位数	众数	标准差	观测值
2020 年	151.03	0.00	13 000.00	60.00	50.00	692.35	1 329
2022 年	119.15	0.00	8 000.00	70.00	60.00	413.42	1 329

在播种环节，有 475 户（35.74%）农户选择雇用劳动力，平均雇工费用为 4 745.75 元。自家实际劳动工时（包含监工）平均为 78.79 小时，在雇工以及雇佣机械的情况下，播种投入时间并不多。

3. 玉米种植灌溉投入

（1）水井。如图 3-2 所示，在 2022 年获得的 1 328 户有效数据中，有 423 户（31.85%）农户灌溉玉米使用 1 口水井，这一占比最多。随着使用水井数量的增加，农户数量逐渐减少，农户灌溉平均使用的水井数量为 3 口，平均每家使用水井灌溉玉米地面积为 259.22 亩。井深分布在 2～600 米，其中有 228 户（17.35%）的井深 200 米，这一占比最多。有 346 户农户的水井就在自家耕地范围中（水井到地块的距离为 0 米），大多数农户（848 户，占比 64.54%）的水井离地块面积不超过 1 千米，平均距离为 795.13 米。

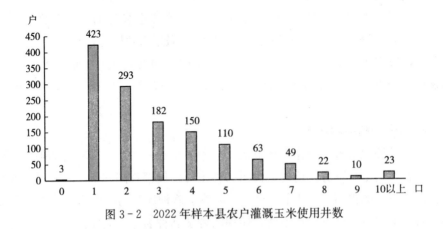

图 3-2　2022 年样本县农户灌溉玉米使用井数

如图 3-3 所示，在回答是否安装过滤设备的 1 324 户农户中，同时给水井安装了水泵、沙石过滤器和泵房三种设备的农户有 939 户（70.92%），只安装水泵的农户有 384 户（29.00%），只安装沙石过滤器的农户有 336 户（25.38%），只安装泵房的农户有 50 户（3.78%）。

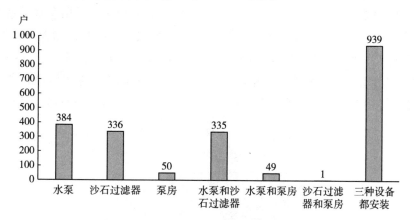

图 3-3 水井安装过滤设备情况

（2）灌溉装置。如图 3-4 所示，2022 年有 1 212 户（88.40%）只使用滴灌，有 53 户（3.87%）只使用喷灌，同时使用喷灌和滴灌的农户有 106 户（7.73%）。从 2012 年开始，农户广泛安装滴灌、喷灌装置，节水设备越来越被农户接受。农户第一年安装滴灌装置后，滴灌平均覆盖土地面积约为 144.15 亩，2021 年，使用该装置的土地面积平均为 140.22 亩，有所减少。2021 年喷灌覆盖的土地面积（192.95 亩）比第一年（127.06 亩）增加了 65.89 亩。安装滴灌第一年平均总投入 22 802.72 元，喷灌更高，平均为 83 115.48 元。2022 年维修、更新设备和基础管带所需要的费用（不包含毛管）同样也是喷灌更高，平均为 4 737.35 元，滴灌平均为 3 526.48 元。

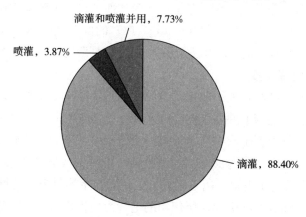

图 3-4 样本县农户灌溉装置

（3）玉米灌溉投入分析。农业是我国第一用水大户，而农业用水量的 90％以上用于灌溉。在 1 370 份有效问卷中，2022 年浇水在 2～8 次的农户占 88.47％（1 212 户），有 1 275 户（96.15％）农户在整个生长期灌水量最多的月份集中在 6、7、8 月。在灌溉环节，绝大多数农户选择自己灌溉，仅有 53 户（3.99％）雇用了劳动力，平均雇工价格为 156.44 元/亩。图 3-5 描述了农户自家劳动力参与灌溉的情况，95％（1 260 户）的农户参与灌溉作业，少数农户（36 户，3％）完全不参与此环节，2％（32 户）的农户仅进行监工。

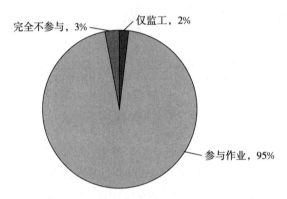

图 3-5　样本县农户自家劳动力参与灌溉情况

农户灌溉一次控制所有阀门需要花费的平均时间为 3.22 小时，灌溉一次的平均劳动投入时间（从出门开始计时）为 39.14 小时。

4. 玉米种植覆膜投入

农田覆盖是改善农田小气候、促进作物增产的重要措施之一。地膜覆盖是一种现代农业生产技术，进行地膜覆盖栽培一般都能获得早熟增产的效果，其效应表现在增温、保温、保水、保持养分等方面。在对覆膜环节调研做出有效回答的 1 328 户农户中，有 55.50％（737 户）的农户选择给农作物覆膜，平均每亩花费的农膜成本为 44.31 元，使用农膜的总费用平均为 7 475.44 元。

5. 玉米种植铺管投入

滴灌管是滴灌灌溉系统中的重要灌溉器，是按照作物需水要求，通过低压管道系统与安装在毛管上的灌水器，将水和作物需要的养分一滴一滴，均匀而又缓慢地滴入作物根区土壤中。主管道一般埋地下，支管道为地上 PE 管，作为输水分水用，毛管一般为最终端滴灌带或滴灌管与支管道连接。表 3-2 描述了 1 296 户有效受访农户使用毛管的有关情况。平均每亩毛管投入约 165.72 元，每米单价平均为 20.07 元，所使用的毛管规格平均为 30.71 毫米。

约有 428 户（32.42％）农户在此环节雇佣劳动力，从本村或者本乡（苏本）外村（嘎查）雇用劳动力的居多，雇工成本平均为 1 772.44 元，自家实际劳动工时（包含监工）平均为 30.25 小时。在支管和滴灌带使用完毕后，绝大多数农户（1 098 户）会将其卖给回收的人或工厂，或者统一送去指定地方回收处理（249 户）。如果村委会为保护农村生态环境，提供支管和滴灌带回收和集中处置服务，有 31.25%（405 户）的农户愿意支付相关费用，平均愿意支付的费用约为 36.87 元/亩。

表 3-2　毛管基本信息

	毛管成本（元/亩）	毛管单价（元/米）	毛管规格（毫米）
平均值	165.72	20.07	30.71

6. 玉米种植施肥投入

施用肥料是在农业外部投入新的养分和能量，因而它可以使农作物的产量迅速地、大幅度地提高。2022 年调研共得到 1 327 份有关施肥环节的有效问卷。如图 3-6 所示，在整个玉米种植环节中，有 405 户（30.52%）农户施了 4 次肥，施肥 3～5 次的农户占比最多，达 73.17%，农户施肥总成本平均为 27 140.6 元。

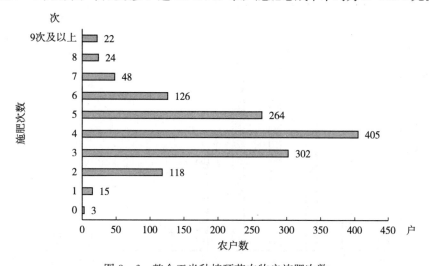

图 3-6　整个玉米种植环节农牧户施肥次数

（1）底肥使用情况。在 1 327 户农户中，有 1 274 户（95.93%）施用底肥，底肥使用率从高到低依次为磷酸二铵（78.81%）、复合肥（32.03%）、尿素（11.30%）、有机肥（6.59%）。

底肥每亩平均使用量如表 3-3 所示，每亩有机肥用量最大，磷酸二铵、尿素使用量几乎一致，复合肥用量较少。

表 3 - 3　底肥平均每亩使用量（斤）

	磷酸二铵	复合肥	尿素	有机肥
每亩平均使用量	55.89	39.73	56.11	755.02

（2）种肥使用情况。根据 1 327 份有效问卷的数据可知，种肥的使用率并不高，仅有 325 户（24.49%）施用种肥。其中，使用最多的种肥品种有磷酸二铵（147 户）、尿素（137 户）、复合肥（70 户）。平均每亩的用量如表 3 - 4 所示，尿素使用量最多，磷酸二铵次之，复合肥最少。

表 3 - 4　底肥平均每亩使用量（斤）

	磷酸二铵	尿素	复合肥
每亩平均使用量	49.30	56.68	39.64

（3）追肥情况。如图 3 - 7 所示，1 327 户农户中，超过一半的农户（739 户，55.65%）在玉米的整个生长期中追肥 3～4 次，大部分农户追肥次数都集中在 2～5 次（1 150 户，86.60%）。

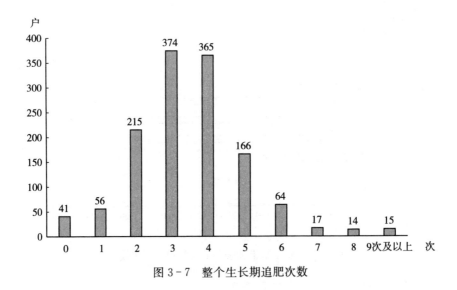

图 3 - 7　整个生长期追肥次数

7. 玉米种植打药投入

农药作为控制农林作物病、虫、草、鼠等有害生物危害的特殊商品，在保护农业生产、提高农业生产能力、促进粮食稳定增产和农民持续增收等方面发挥着极其重要的作用，是现代化农业不可或缺的生产资料和救灾物资（纪明山，2011）。关于打药投入的 1 327 份有效调查问卷数据显示，有 1 303 户（98.12％）农户在玉米种植过程中施打农药，其中有 97.97％的农户施打农药的目的是除草，59.49％的农户施打农药的目的是防治病虫害。如图 3-8 所示，在此环节中有 543 户（41％）农户使用无人机进行打药，59％的农户未使用无人机。

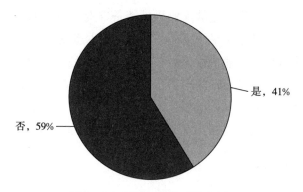

图 3-8　农户打药是否用无人机

8. 玉米种植收割投入

1 328 户农户较完整有效地回答了玉米收割环节的相关问题，大部分农户以带棒湿玉米（886 户，66.72％）的形式进行收割，363 户（27.33％）农户以带棒干玉米的形式进行收割。另外，较少的农户（65 户，4.89％）以干玉米粒形式进行收割，更少数（42 户，3.16％）的农户选择以湿玉米粒的形式收割。多数农户（925 户，69.65％）没有在收割时出售，其余农户（403 户，30.35％）在收割时就进行出售，且平均出售价格为 1.14 元/斤。图 3-9 反映了收割后平均出售量和自留量的比例，自留量和出售量并没有相差太多，可以看出农户不会将收获的玉米全部出售，而是将相当一部分留下自用。

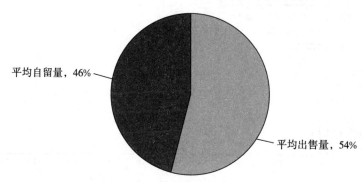

图 3-9　农户玉米收获后的留用情况

在 922 户有自留的农户中，以养殖饲料为主要用途的有 908 户（98.48%），其余少数农户则是等价格合适时出售或用作自食。

二、农业机械使用

农业机械化是指运用先进的农业机械装备农业，改善农业生产经营条件，不断提高农业的生产技术水平、提高经济效益和生态效益的过程。科学技术的迅猛发展，使全世界的农业机械化水平不断提升。我国是一个农业大国，近些年来，我国的农机装备总量不断增加，农机种类逐步趋于多样化、小型化、机动化，农机服务走向社会化、市场化。为更加深入地了解农业机械发展情况，本部分对样本农户的农业机械拥有情况、购买情况、使用情况等进行了分析。

（一）生产机械种类

从 1 358 份有效调研问卷可以看出，有 1 069 户农户（78.72%）拥有生产机械。其中，拥有量最多的三种生产机械为拖拉机（70.07%）、播种机（51.26%）和电动三轮车（47.80%），这三类均为比较传统的生产机械；拥有量最少的三种生产机械为土壤监测设备（0%）、食品加工机（0.37%）和无人植保机（0.84%），是相对来说较为智能化的生产机械（图 3 - 10）。由此看来，调研区域农户整体农业机械化程度较高，但拥有的机械种类较为传统。

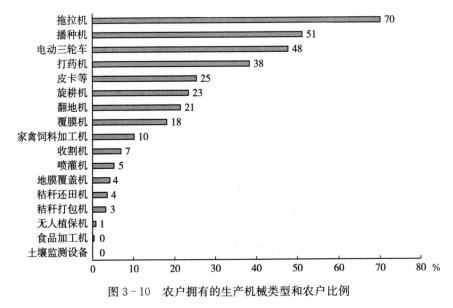

图 3 - 10　农户拥有的生产机械类型和农户比例

（二）生产机械购买时间

总体看来（表3-5），农户拥有最多的三种生产机械即拖拉机、播种机和电动三轮车的平均购买年份分别为2014年、2016年和2018年，最早在1980年就有农户购买拖拉机为农业生产提供便利。

表3-5　农户机械购买时间

	统计量	平均年份	标准差	最早年份	最晚年份
拖拉机	749	2014	5.61	1980	2022
播种机	548	2016	4.28	1990	2022
电动三轮车	510	2018	4.32	1998	2022

（三）生产机械购买补贴情况与购买费用

1. 生产机械购买补贴情况

农业机械化是促进我国农业发展的重要途径，国家早已将农机购置纳入"三补贴"强农惠农政策，鼓励农户购置生产机械。截至2022年，农机购置补贴政策已实行18年，但调研地区农户购置的3 567台农业机械中得到补贴的仍是少数，仅占24.52%。各种器械的补贴比例如图3-11所示，其中政府对秸秆打包机（65.71%）、收割机（65.33%）的补贴比例较大，其次是对购买拖拉机（48.06%）和无人植保机（44.44%）的；对购买电动三轮车（1.76%）、

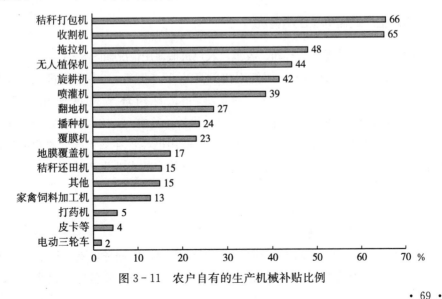

图3-11　农户自有的生产机械补贴比例

皮卡等（4.43%）和打药机（5.37%）的补贴程度较低。

2. 生产机械购买费用

各类农业机械的平均购买费用如图 3-12 所示（若有补贴，使用补贴后的购买价格），价格最高的机械为收割机，为 214 850 元/台，其次是食品加工机和秸秆打包机，价格分别为 128 200 元/台和 89 099 元/台。图 3-10 显示了农户拥有这三种机械的比例分别为 7.02%、0.37%、3.27%，可以推测其高昂的价格可能是影响农户购买的原因之一。价格低于 10 000 元的机械包括打药机、覆膜机、地膜覆盖机、电动三轮车和播种机，农户的拥有比例也相对较高。

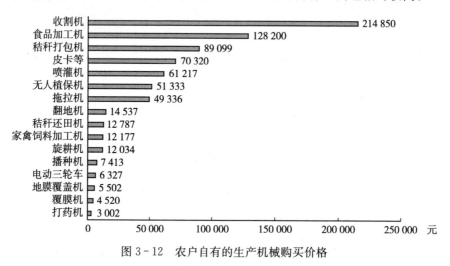

图 3-12 农户自有的生产机械购买价格

（四）生产过程机械使用情况

各生产环节（耕整地、打药、收割）农户机械使用情况如图 3-13、图 3-14、图 3-15 所示，耕整地环节机械使用比例高达 99.56%，其中雇用机械的比例为 61.63%，平均雇用价格为 55.65 元/亩；打药环节机械使用比例为 40.89%；收割环节机械使用比例高达 99.29%，其中 90.42% 的农牧户雇用收割机帮助高效收割。整体来看，农业机械的使用已经贯穿绝大部分农户的生产过程，并且农机服务也越来越普遍，提高了农牧户的农业生产效率。

（五）生产机械外包情况

1. 生产机械外包比例

农户购置的 3 567 台农业机械中，为其他农户提供服务的有 450 台，占比为 12.62%，各类机械外包比例如图 3-16 所示。其中，外包比例最大的三类

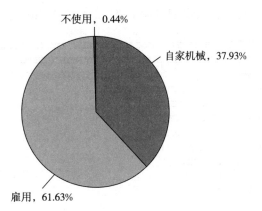

图 3-13 耕整地环节机械使用情况

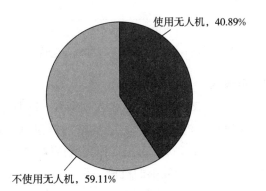

图 3-14 打药环节机械使用情况

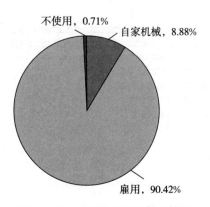

图 3-15 收割环节机械使用情况

机械为无人植保机（55.56%）、秸秆打包机（48.57%）和收割机（44.00%），均为价格较贵且农户拥有比例较小的农业机械；外包比例最小的三类机械为电动三轮车（1.37%）、家禽饲料加工机（1.83%）和皮卡（3.32%）。

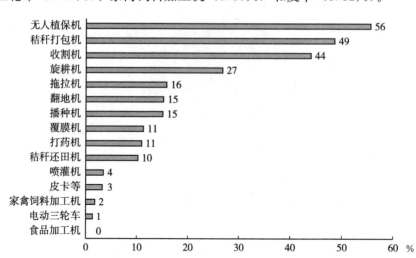

图 3-16　农户自有的生产机械外包情况

2. 生产机械外包收入

农户 2022 年提供各类农机服务的总收入如图 3-17 所示，外包收入较高的五类农业机械分别为收割机（60 489 元）、秸秆打包机（44 984 元）、秸秆还田机（37 500 元）、拖拉机（26 321 元）和无人植保机（20 642 元），均为本身购买价格较高或农户拥有比例较小的机械。为了更清晰地比较各类机械外包收入与工作量折损之间的关系，本书计算了机械外包平均每亩收入（图 3-18），每亩外包价格较高的为收割机、覆膜机和家禽饲料加工机。

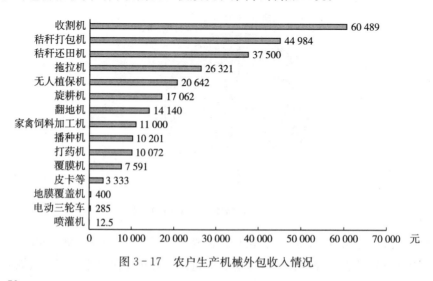

图 3-17　农户生产机械外包收入情况

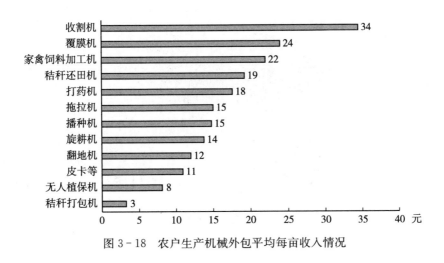

图 3-18　农户生产机械外包平均每亩收入情况

三、畜牧业生产经营

畜牧业是利用畜禽等已经被人类驯化的动物，通过人工饲养、繁殖，使其将牧草和饲料等植物能转变为动物能，以取得肉、蛋、奶、羊毛、山羊绒、蚕丝和药材等畜产品的生产部门。畜牧业是农业的主要组成部分之一，与种植业并列为农业生产的两大支柱。为了更清晰地了解调研地区农户的畜牧养殖情况，本部分对养殖种类、存栏量、出栏量、销售额等进行了统计。

（一）基本养殖情况

总体来看（图 3-19），所有有效问卷中，84.26%（1 145 户）的农户在 2021 年进行了畜禽养殖，纯牧户和农牧结合户的占比分别为 1.18% 和 83.08%。其中，养殖羊、牛、猪、鸡的农户占绝大多数，农户中有 92.93% 都养了羊，约 28.03% 的农户养猪、25.59% 的农户养牛、22.18% 的农户养鸡，还有极小部分农户养鹅等家禽（图 3-20）。

（二）养羊农户的基本情况

由于养羊农户占比高达 92.93%，具有代表性，因此本节重点分析养羊农户的具体养殖情况。存栏量指某一阶段各类牲畜的实有数；出栏量指作为商品卖到市场上的动物数量。总体来看（表 3-6），1 060 户养羊农户中，2021 年平均存栏量为 139.67 只，平均出栏量为 71.58 只，平均出栏率约为 51.23%。平均

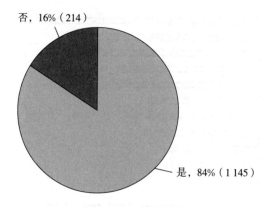

图 3-19　养殖情况

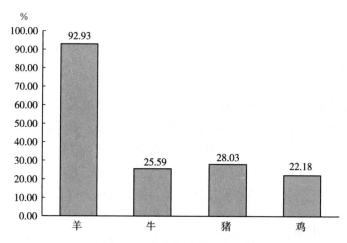

图 3-20　农户养殖种类和比例

销售总额为 65 758.16 元，其中副产品（如羊绒）销售额均值为 6 163.10 元。

表 3-6　养羊农户基本情况

	平均值	标准差	最小值	最大值
存栏量（只）	139.67	159.3	1	1 340
出栏量（只）	71.58	98.75	0	1 000
销售总额（元）	65 758.16	97 253.74	0	1 000 000
副产品销售额（元）	6 163.10	21 380.75	0	320 000

　　图 3-21 更加清晰地展示了养羊农户的销售总额分布，81% 的农户养羊收入都在 100 000 元之内，超过一半（54.73%）的农户养羊收入在 50 000 元之

内，超过 1/4（26.20％）的农户养羊收入在 50 000 到 100 000 元之间；还有 1/10 的农户养羊收入在 100 000 到 200 000 元之间，9.03％的农户养羊收入超过 200 000 元。

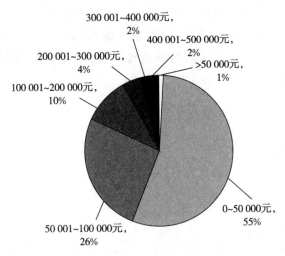

图 3-21　养羊农户的销售总额

粪肥还田既可以解决畜禽粪污综合利用问题，又可以减少化肥施用量，推动种养殖产业绿色高效发展。对于养殖粪便（图 3-22），99.43％的农户都进行了还田处理，不到 1％的农户未处理。

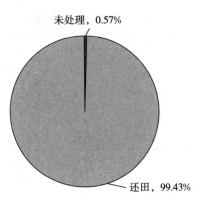

图 3-22　养殖粪便处理方式

（三）2020 年调研农户基本养殖情况

为了对比 2020 年与 2022 年调研地区农户养殖情况，现将 2020 年情况回顾如下。

总体看来（图 3 - 23），2020 年和 2021 年均有超过 90% 的农户养羊，2021 年有更多的农户养殖了牛、猪、鸡。养羊农户 2020 年的平均存栏量为 116.08 只，平均出栏量为 66.08 只，平均出栏率约 56.92%；销售总额均值为 79 732.96 元，其中副产品（如羊绒）销售额均值为 4 336.40 元（表 3 - 7）。2021 年与 2020 年相比，存栏量增加 20.32%，出栏量增加 8.32%，出栏率减小 5.69%；销售总额减少 17.53%，可能原因包括出售单价、出栏率的变化以及抽样误差，副产品销售增加 42.12%。

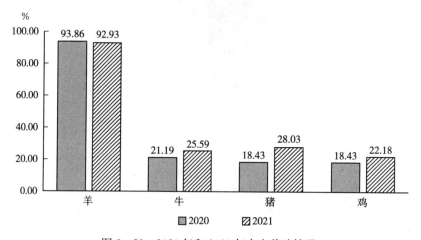

图 3 - 23　2020 年和 2021 年农户养殖情况

表 3 - 7　2020 年养羊农户基本情况

	平均值	标准差	最小值	最大值
存栏量（只）	116.08	186.97	0	4 000
出栏量（只）	66.08	161.75	0	3 000
销售总额（元）	79 732.96	244 803.20	0	4 000 000
副产品销售额（元）	4 336.40	12 131.65	0	100 000

四、结论与政策建议

（一）结论

根据农业生产投入产出相关分析，得出以下结论：

（1）样本县种植结构具有一定特点，以玉米为主要种植作物，苜蓿、萝卜、辣椒、西瓜、向日葵等种植相对较少。总体而言，样本县农作物种植品种较为单一和集中，以粮食作物为主，小范围种植经济作物。

（2）在玉米种植环节的投入上，耕整地环节雇工费用较低，农户自身投入时间较多；播种环节雇工费用相对耕整地环节而言较高，但农户参与劳动的时间有所减少；灌溉环节农户不需要投入太多时间，主要的作业内容是控制所有灌溉阀门；覆膜环节农户投入费用较多，主要为购买农膜支出；铺管环节雇用劳动力花费较播种环节少，且自家劳动工时也较少；施肥环节投入成本相对较高，主要为购买肥料的费用；打药环节部分农户使用无人机，但占比不多。

（3）截至2022年，调研地区近4/5的农户拥有农业机械。其中，拥有拖拉机、播种机和电动三轮车的农户比例较大，拥有土壤监测设备、食品加工机和无人植保机等智能化设备的农户比例很小；农户购置的农业机械中得到补贴的仅占1/4左右，相关补贴政策还有待进一步落实；农业机械的使用已经贯穿绝大部分农户的生产过程，并且农机服务也越来越普遍；农业机械外包比例约为12.62%，其中价格较贵且较少农户拥有的农业机械外包比例更高。

（4）样本县中，纯牧户和农牧结合户的占比分别为1.18%和83.08%，羊是最主要的养殖动物。与2020年比，2021年羊的出栏量和存栏量都增多，出栏率降低，销售总额减少，副产品销售额增加。

（二）政策建议

针对上述研究结论，本书提出如下几点政策建议：

（1）建议优化种植结构。根据地质特点对农作物的种类实施结构性调整，积极引导和鼓励农户发展分区种植、特色种植。

（2）引导农户合理分配劳动时间。在农业机械化、高效化的背景下，农户通过合理分配种植过程中各个环节的劳动时间，不仅可以提升生产效益，也大大减少了在农业生产中投入的时间成本。

（3）倡导农户使用机械以提高农业生产率。农业机械化程度的加深可以提高土地的产出率和农产品质量，提高农机化水平是保障和提高粮食综合生产能力的重要举措。但农户拥有的智能化农业机械较少、购买农业机械的补贴比例仍较小，推动农业机械化发展的农机购置补贴政策还有待进一步落实。

（4）农机外包服务作为提高农业机械化水平的机械作业形式之一，可以有效推动小农户与现代农业有机衔接。但调研结果显示，当前内蒙古农户农机外包比例较低，因此需加强农机服务过程中的信息共享，减少信息不对称，进而提高农机服务效率和农业生产效率。

第四章 农业农村数字化

数字技术的兴起给农业农村发展带来了新的机遇，数字基础设施与服务不断向农村延伸，数字技术逐步渗入农业生产和流通等环节，渗入乡村公共服务与乡村治理等领域，不仅促进了农业的转型与升级，而且推进了乡村公共服务的均等化和乡村治理效能的提升。以互联网为代表的数字技术逐渐融入农户生产生活的方方面面，成为农户获取信息、社交沟通、学习娱乐的重要工具。与此同时，互联网将信息作为农业生产要素，使信息技术与农业各个环节有效融合，推动农业生产专业化，有益于提升农业生产效率。农户的数字素养是互联网在农业生产中发挥作用的重要条件，数字素养较高的农户掌握和应用互联网技术的水平也会更强，利用互联网获取农业信息资讯、学习农业技术知识、获取种植方案和建议等的效率更高。本章根据 2022 年调研数据分析了鄂托克前旗和乌拉特前旗农户的互联网与农业软件使用情况以及农户的数字素养情况，并根据调研情况有针对性地提出相关政策建议。

一、家庭互联网与农业软件使用

（一）互联网使用基本情况

在 2022 年关于内蒙古自治区家庭互联网使用情况的调研中，共有 1 328 户样本户回答了互联网使用的相关问题，其中使用互联网宽带、Wi-Fi 或移动数据流量方式上网的农户数量为 1 159 户，占比 87.27%。在鄂托克前旗和乌拉特前旗的样本户中，使用互联网的户数分别为 482 户、677 户，分别占各县总样本户数的 82.96%、90.63%。由以上情况可知，鄂托克前旗、乌拉特前旗的样本户互联网接入使用情况有一定差距，乌拉特前旗的样本户互联网使用率比鄂托克前旗高出 7.67%。根据样本户对互联网的使用，调研组进一步考察了其上网方式、上网设备种类及数量、上网行为及频率等具体情况。

1. 上网方式选择

如图 4-1 所示，在使用互联网的 1 159 个样本户中，只使用 Wi-Fi 上网的农户最多，占 29.16%；同时使用 Wi-Fi 和移动流量方式上网的农户占比为 17.77％；只使用互联网宽带上网的农户占比为 15.19％；同时使用互联网宽带、Wi-Fi、移动数据流量三种方式上网的农户占比为 14.58％；同时使用互联网宽带和 Wi-Fi 上网的农户数量最少，仅占总样本数的 4.23％。

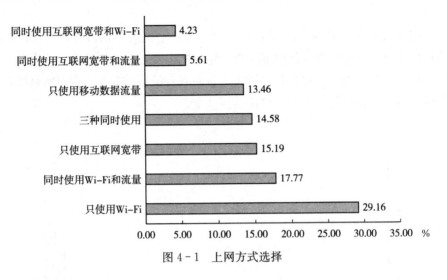

图 4-1　上网方式选择

2. 上网设备种类及数量

此次调研收集了受访样本户家庭的上网设备持有状况（表 4-1、图 4-2）。从受访农户的上网设备持有情况可以看出，互联网的使用已经渗透到鄂托克前旗、乌拉特前旗农户生活的方方面面。

表 4-1　样本户上网设备种类及数量

设备种类	农户数（户）	设备总数（个）	平均（个/户）
智能手机	1 157	3 423	2.96
笔记本电脑或平板电脑	210	252	1.20
台式电脑	227	248	1.09
智能音箱	53	59	1.11
网络电视	656	803	1.22
农业传感设备	5	10	2.00

在使用互联网的 1 159 户样本户家庭中，有 99.83％（1 157 户）的农户家庭拥有智能手机，56.60％（656 户）的农户家庭安装了网络电视，37.70％的农户家庭拥有笔记本电脑、平板电脑或台式电脑，这些情况从侧面反映出农村地区已有一定水平的网络普及率。

在拥有上网设备的受访样本户中，智能手机的拥有总量最多，共计 3 423 部；其次为网络电视，共计 803 台；笔记本电脑、平板电脑或台式电脑的数量总计为 500 台；智能音箱和农业传感设备的拥有数量较少，分别为 59 台和 10 个。

在各类上网设备的户均拥有量方面，智能手机的户均占有量为 2.96 部，即每户家庭平均拥有约 3 部智能手机；笔记本电脑或平板电脑、台式电脑、智能音箱等上网设备的户均占有量均为 1 台左右；虽然只有 5 户农户家庭拥有农业传感器设备，但是户均拥有数量达到 2 个。

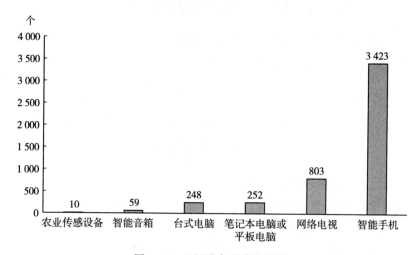

图 4-2　上网设备种类及数量

3. 上网行为及频率

在调查农户的上网行为时，询问了受访农户使用互联网进行新闻浏览、社交沟通、娱乐活动及网上购物频率等情况，共有 1 158 位农户完整地回答了相关问题。如表 4-2 所示，网上浏览新闻、社交沟通是大多数农户会进行的上网行为，占比分别为 89.12%、97.93%；而对于农户来说，上网听歌、打游戏等娱乐活动，以及通过拼多多、淘宝等网络购物软件进行线上购物的行为及频率相对较少，有 22.37% 的农户从未在网上进行过娱乐活动，27.03% 的农户从未通过互联网来进行线上购物。从农户上网进行各种活动的频率来看，有 89.98% 的农户几乎每天都会进行社交沟通，从侧面反映出互联网是农户相互联系的重要通讯方式；63.13% 的农户几乎每天会浏览新闻，说明互联网同时也是农户获取信息的重要渠道；56.30% 的农户几乎每天会通过互联网来听歌、打游戏等，表明互联网在农户的文娱生活中发挥着至关重要的作用。

表 4 - 2　农户上网行为及频率

上网频率	浏览新闻		社交沟通		娱乐活动		网上购物	
	人数（人）	占比（%）	人数（人）	占比（%）	人数（人）	占比（%）	人数（人）	占比（%）
几乎每天	731	63.13	1 042	89.98	652	56.30	112	9.67
一周 4~5 次	116	10.02	51	4.40	115	9.93	50	4.32
一周 2~3 次	106	9.15	32	2.76	82	7.08	172	14.85
一月 2~3 次	45	3.89	5	0.43	24	2.07	303	26.17
一月 1 次	18	1.55	2	0.17	14	1.21	107	9.24
几个月 1 次	16	1.38	2	0.17	14	1.04	101	8.72
从不	126	10.88	24	2.07	259	22.37	313	27.03

（二）农业软件使用

1. 上网从事农业活动的行为及频率

在此次调研中，调研组询问了农户使用互联网从事与农业生产相关的活动的情况，主要是关于农户网上获取农业生产信息资讯、从事农技培训、农技咨询、获取作物种植方案及操作农机设备五个方面的情况。

如图 4 - 3 所示，在 1 154 个有效回答中，有 917 户（79.46%）农户使用手机软件从事过农业生产信息资讯活动，但也有 237 户（20.54%）农户表示从未使用手机软件从事过农业生产信息资讯活动。关于网上农技培训，在作出回答的 1 146 户农户中，有 639 户（55.76%）使用手机软件参与过例如种植技术、养殖技术等相关农技培训活动。在 1 136 户农户中，使用手机软件从事农技咨询的农户数量为 365 户，占比 32.13%。使用手机软件获取作物种植方案的农户数量为 381，占比 33.42%。而使用手机软件操作农机设备的农户数量只有 122 户，仅占 10.86%。

由于使用手机软件获取农业生产信息资讯的人数最多，因此下文会进一步报告该部分农户的使用频率及其满意程度。

表 4 - 3 为 915 户使用手机软件查询过农业生产信息资讯的农户的相关行为频率，其中几乎每天都会查询获取农业生产信息资讯的农户数量为 601 户，占比 65.68%；一周查询 4~5 次农业生产信息资讯的农户数量为 104 户，占比 11.37%；一周查询 2~3 次农业生产信息资讯的农户数量为 102 户，占比 11.15%；几个月查询 1 次的农户数量最少，仅占 1.2%；但有 24 户农户表示几乎不怎么使用手机软查询农业生产信息。

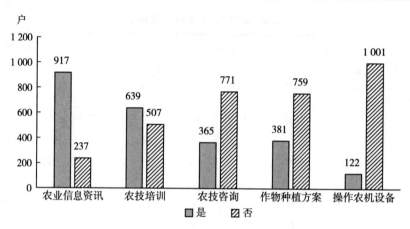

图4-3 网上从事农业活动的农户分布

表4-3 农户上网查询农业生产信息资讯的频率分布

频率	农户（户）	占比（%）
几乎每天	601	65.68
一周4~5次	104	11.37
一周2~3次	102	11.15
一月2~3次	54	5.9
一月1次	19	2.08
几个月1次	11	1.2
从不	24	2.62
总计	915	100.00

表4-4为915户使用手机软件查询过农业信息资讯的农户对于该功能对农业生产帮助程度的评价，一半以上的农户对网上查询农业生产信息资讯表示一定程度的认可，只有1.53%的农户认为该功能对其农业生产完全没有帮助；56.83%的农户认为使用手机软件查询农业生产信息资讯对其农业生产的帮助较多；值得注意的是，有14.1%的农户对该功能给予了高度的肯定，认为网上查询农业生产信息资讯对其农业生产帮助非常多。

表4-4 农户关于网上农业信息资讯对农业生产帮助的评价

评价	农户（户）	占比（%）
完全没帮助	14	1.53
帮助较少	45	4.92
一般	207	22.62

（续）

评价	农户（户）	占比（%）
帮助较多	520	56.83
帮助非常多	129	14.1
总计	915	100.00

由图 4-4 可知，只有少部分农户在使用手机软件获取农业生产信息资讯的过程中处于付费状态，777 户（84.92%）农户是通过免费渠道来获取相关的农业生产信息资讯；由图 4-5 可知，518 户（56.61%）农户表示比较愿意继续长期使用手机软件获取农业生产信息资讯，此外有 160 户（17.49%）农户表示出强烈的继续使用意愿，给出完全愿意长期使用该功能的回答，这从侧面反映出大部分农户对该功能的肯定与认可。

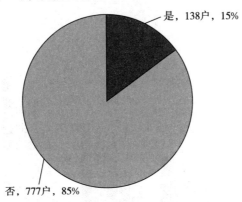

图 4-4 付费情况

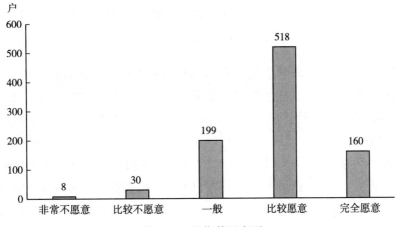

图 4-5 长期使用意愿

2. 对手机农业软件功能的态度与意愿

对于未使用手机软件获取农业生产信息资讯、参加农技培训、农技咨询、获取作物种植方案及操作农机设备的农户，我们进一步了解了其对这五种功能的态度与意愿。

图4-6展示了农户对不同手机农业软件功能的需要程度。对于手机软件操作农机设备的功能，391户（39.10%）农户表示比较需要，89户（8.90%）农户表示非常需要；对于网上进行农技咨询活动，近一半的农户在不同程度上表示需要这项功能，但也有23.21%的农户认为自己不需要网上农技咨询这项功能；对于网上获取作物种植方案的功能，304户（40.11%）农户表示自己比较需要该功能，59户农户则认为自己非常需要这项功能；对于网上参加农技培训，有199户（39.33%）农户表示自己比较需要这项功能，只有35户农户表示非常需要。

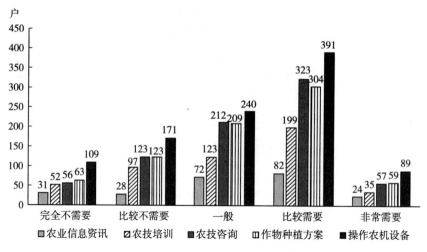

图4-6 对不同功能的需要程度

图4-7展示了农户基于其现有认知对利用手机软件获取农业信息资讯、参与农技培训、进行农技咨询、获取作物种植方案、操作农机设备五种功能提高农业生产效率的评价。107户（45.15%）农户比较认同网上获取农业信息资讯能够提高农业生产效率，25户（10.55%）农户则非常认同该功能能够提升农业生产效率；247户（48.81%）农户比较认同网上进行农技咨询能够提高农业生产效率，但也有14.82%的农户不认同网上农技咨询能够帮助其提高农业生产效率；480户（48.00%）农户比较认同利用手机软件操作农机设备能够提高农业生产效率，有94户（9.40%）农户表示非常认可该项功能能够

提高农业生产效率；371 户（48.94%）农户比较认同网上获取的作物种植方案有助于提升农业生产效率，58 户农户表示非常认同。

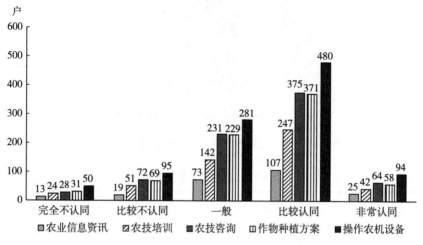

图 4-7　对不同功能提高农业生产效率的评价

3. 农业手机软件的使用行为

农业手机软件是信息技术与农业深度结合的产物，有利于将信息转换为现实农业生产力。本次调研关注了农户对于农业手机软件使用的情况，共有 964 户农户回答了相关问题。如图 4-8 所示，843 户农户表示从未使用过专门用于农业生产的农业手机软件，只有 121 户农户表示使用过农业手机软件，说明农业手机软件在农户群体中并未得到广泛使用，有一定的传播与扩散空间。接着，我们询问了农户具体使用的软件种类，如表 4-5 所示，主要为"爱耕耘""农医生""农管家""农一网""农视网""天天学农""智农通"等。此外有 61 户农户使用的农业手机软件未在调研员给出的选项里，我们记录了这部分软件的名称，发现共有 40 多种不同的农业手机软件，这从侧面反映出市场上的农业手机软件种类丰富，农业与信息技术的结合发展较为迅速。

我们进一步了解了这 121 户农户对农业手机软件使用的频率。由表 4-6 可知，几乎每天都会使用农业手机软件的农户仅有 23 人，占比 9.66%；一周使用 3～4 次的农户数量为 27 户，占比 11.34%；一周使用 2～3 次的农户数量为 50 户，占比 21.01%；一月使用 2～3 次的农户数量最多，占比 26.89%；一月使用 1 次的农户数量为 31 户，占比 13.03%；几个月仅使用 1 次的农户数量为 33 户，占比 13.87%。以上情况反映出大部分农户对农业手机软件的使用还是相对较少的。

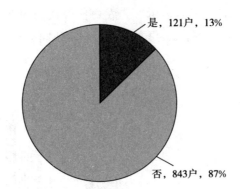

图 4-8．是否使用专门用于农业的手机软件的情况

表 4-5　农业手机软件种类

农业软件名称	使用人数（户）	农业软件名称	使用人数（户）
爱耕耘	20	田小二	6
农医生	16	农家农	5
农管家	15	e农	4
农一网	15	农＋	4
农视网	12	云农 12316	4
天天学农	12	农合网	3
智农通	12	农来农往	2
新农村	11	农丰网	1
掌上农信	11	问农	1
农产品	8	希望农牧	1
农查查	7	新农村自建房	1
农产品网	6	其他	61

使用总频次：238

表 4-6　农业手机软件使用频率

频率	人数（户）	占比（％）
几乎每天	23	9.66
一周 3～4 次	27	11.34
一周 2～3 次	50	21.01
一月 2～3 次	64	26.89
一月 1 次	31	13.03

（续）

频率	人数（户）	占比（%）
几个月 1 次	33	13.87
从不	10	4.2
总计	238	100.00

此外，我们记录了农户对其使用的农业手机软件的评价。如表 4-7 所示，仅有 3 户农户认为使用农业软件对其进行农业生产完全没有帮助；24 户农户认为使用农业软件对农业生产的帮助较少；69 户农户对农业手机软件利于农业生产的看法保持中立态度；119 户农户认为农业手机软件带给农业生产的帮助较多；23 户农户认为使用农业手机软件的帮助非常多。以上情况说明，农业手机软件确实对农业生产带来了一定的帮助，在一定程度上能够帮助农户解决农业生产问题。但是，仅有 87 户农户在使用完农业手机软件后会向他人推荐，反映出农户群体间农业手机软件的传播力度较低，这可能也是农业手机软件没有被广泛了解、使用的原因之一。

表 4-7　农业手机软件使用评价

评价	人数（户）	占比（%）
完全没帮助	3	1.26
帮助较少	24	10.08
一般	69	28.99
帮助较多	119	50.00
帮助非常多	23	9.66
总计	238	100.00

二、数字素养

随着互联网、大数据、云计算、人工智能、区块链等技术加速创新，数字技术日益融入经济社会发展各领域全过程，数字经济发展速度之快、辐射范围之广、影响程度之深前所未有。农户作为农村最主要的经济活动主体与最基本的决策单位，其采取的数字技术策略对数字乡村建设有着深远的影响。数字素养可以直接反映农户的数字知识及运用数字技术解决问题的能力，提高数字素养，不仅能够帮助农户通过理解和运用数字信息与信息技术工具来解决生产生活面临的问题，而且能够帮助其更好地融入信息化浪潮，从而获得更多的资源和优势，显著提升其管理水平和投资决策能力。

农户数字素养是数字化情境下农户在生产生活实践中所具备的或形成的有关数字知识、数字能力和数字意识的综合体，体现为设备与软件操作素养、沟通与协作素养、数字内容创作素养、数字安全素养、信息与数据素养。上述五个维度分别强调个体在使用基本数字工具收集、整理和加工数字化信息，通过互联网平台进行资源共享，信息交流与协作，创建和编辑文字、图像和视频等内容并进行创意化的表达、输出和传播，采取安全有效的措施保护个人信息、维护正当权益以实现对数字技术长期安全利用等方面的意识、知识和能力。在本次调研中，我们对农户的数字素养进行了相关调查。

（一）设备与软件操作素养

农户的设备与软件操作素养主要是衡量农户对数字工具的基本操作能力，例如使用电脑或手机观看视频、使用浏览器、在线付款等各种技能。表 4-8 展示了农户设备与软件操作素养的情况，总体来看，农户对数字工具的一些基本操作处于中等水平。

表 4-8　设备与软件操作素养

指标/得分（1~5）	总体平均得分	乌拉特前旗平均得分	鄂托克前旗平均得分
使用电脑观看视频的熟练程度	1.95	1.84	2.10
使用电脑上的浏览器（如百度）来搜索信息的熟练程度	2.00	1.84	2.21
独自下载安装、升级更新一款手机 App 的熟练程度	2.54	2.43	2.67
独自完成 App 的升级更新操作的熟练程度	2.52	2.41	2.67
使用支付宝或微信出示健康码功能的熟练程度	3.63	3.62	3.63
使用手机玩游戏的熟练程度	1.84	1.84	1.84
使用手机付款的熟练程度	3.93	3.93	3.93
农户数量	1 325	745	580

其中，农户使用手机付款的操作水平最强，平均得分为 3.93，可能是随着移动支付越来越普及，农户也更习惯用手机支付来代替现金支付和刷卡支付等其他支付方式；农户使用支付宝或微信出示健康码的熟练程度也比较高，平均得分为 3.63；另外，农户使用手机玩游戏的熟练程度最差，平均得分只有

1.84，一方面是因为农户没有较多的闲暇时间玩游戏，另一方面是由于农户的受教育程度比较低，对电子设备的娱乐功能了解不多；使用电脑观看视频的熟练程度也比较差，平均得分为 1.95，其中乌拉特前旗样本农户的操作熟练程度相对更低，平均得分只有 1.84。

（二）沟通与协作素养

农户的沟通与协作素养主要衡量的是农户使用各种社交软件或平台与他人线上沟通、分享、协作的能力，例如使用微信语音或视频聊天、转发文章或视频、网上买卖农产品等操作的能力。表 4-9 展示了农户的沟通与协作素养情况，总体来看，农户的沟通与协作素养处于中等水平。

其中，农户使用电脑或手机与他人进行聊天互动的能力处于中等偏上水平，平均得分为 3.86，其中鄂托克前旗样本户的能力更高，平均得分达到了 3.89；农户使用电脑或手机与他人进行技术或信息分享这一操作的能力也处于中等偏上水平，平均得分为 3.36；农户使用电脑或手机与他人进行合作的操作能力相对较差，平均得分为 2.72，可能是因为使用电脑或手机与他人进行合作的操作比较复杂，农户无法完全掌握。

表 4-9　沟通与协作素养

指标/得分（1~5）	总体平均得分	乌拉特前旗平均得分	鄂托克前旗平均得分
使用电脑或手机与他人进行聊天互动（如视频通话、微信群内聊天、评论区互动交流）	3.86	3.83	3.89
使用电脑或手机与他人进行技术或信息分享（如转发文章、视频）	3.36	3.37	3.36
使用电脑或手机参与村委会安排的事务	3.03	3.04	3.02
使用电脑或手机与他人进行合作（如网上买卖农产品、农资等）	2.72	2.76	2.67
农户数量	1 325	745	580

（三）数字内容创作素养

数字内容创作素养主要衡量的是农户创建和编辑文字、图像、视频等内容并进行创意化的表达、输出和传播的能力水平，例如朋友圈发布文字或视频、快手或抖音上制作并发布短视频、进行网络直播、在朋友圈评论区发表自己的想法等。表 4 - 10 展示了农户的数字内容创作素养情况，总体来看，农户的数字内容创作素养能力处于中等水平。

　　农户使用微信发朋友圈的能力处于中等偏上水平，平均得分为 3.42；农户在抖音、快手上制作并发布短视频的能力处于中等偏下水平，平均得分为 2.54；农户在抖音、快手等网络平台上进行直播的能力较差，平均得分为 1.74，可能是由于直播是近几年才发展起来的数字内容创作形式，而且对于农户来说，直播的操作比较复杂困难，门槛比较高。

表 4 - 10　数字内容创作素养

指标/得分（1～5）	总体平均得分	乌拉特前旗平均得分	鄂托克前旗平均得分
使用微信发朋友圈	3.42	3.38	3.47
在抖音、快手上制作并发布短视频	2.54	2.50	2.60
在抖音、快手等网络平台上直播	1.74	1.72	1.77
在朋友圈评论区发表自己的想法	2.95	2.96	2.94
农户数量	1 325	745	580

（四）数字安全素养

　　数字安全素养主要衡量的是农户在使用电脑、手机等数字工具的过程中，对于保护个人信息、维护正当权益、保护金融资产的意识和能力，例如采用动态验证码、绑定手机号、设置密码等措施来维护资金安全和信息安全。表 4 - 11 展示了农户数字安全素养的情况，总体来看，农户的安全防范意识和能力处于较高水平。

表 4 - 11　数字安全素养

指标/得分（1～5）	总体平均得分	乌拉特前旗平均得分	鄂托克前旗平均得分
知道数字网络环境中可能存在网络诈骗、账户信息泄露等安全风险问题	4.06	4.06	4.08
使用微信、淘宝、抖音等软件时，会考虑账号、密码等信息安全问题	3.94	3.94	3.93
使用微信、淘宝、抖音等软件时，会通过绑定手机号、动态验证码等措施来维护账号及密码等信息的安全	3.75	3.83	3.66

（续）

指标/得分（1~5）	总体平均得分	乌拉特前旗平均得分	鄂托克前旗平均得分
在使用网上银行、支付宝、微信支付等互联网金融工具时，会采取措施（如动态口令和交易码、人脸识别、指纹识别等）维护线上交易的资金安全	3.77	3.82	3.69
手机短信或软件中告知的中奖消息都是骗人的	4.25	4.26	4.23
农户数量	1 325	745	580

绝大部分农户知道网络环境中可能存在网络诈骗、账户信息泄露等安全风险问题，平均得分为 4.06；农户在使用微信、淘宝、抖音等软件时一般会考虑账号、密码等信息的安全问题，平均得分为 3.94；在使用网上银行、支付宝、微信支付等互联网金融工具时，农户也会采取动态口令、人脸识别等措施来维护线上交易的资金安全，平均得分为 3.75，其中乌拉特前旗农户的能力更强，平均得分达到了 3.83；对于手机短信或软件中告知的中奖消息，农户基本都知道消息不实，反映出农户的网络防诈骗意识较强。

（五）信息和数据素养

信息和数据素养主要衡量的是农户使用电脑或手机等数字工具收集、整理和加工信息和数据的能力，例如查找、筛选、下载所需的信息和数据、保存相关图片等。表 4-12 展示了农户的信息和数据素养情况，总体来看，农户的信息和数据素养处于中等水平。

表 4-12　信息和数据素养

指标/得分（1~5）	总体平均得分	乌拉特前旗平均得分	鄂托克前旗平均得分
会使用电脑或手机查找、浏览和筛选所需要的信息和数据内容	3.30	3.33	3.27
能够判断从网络上获取的信息内容的是否准确可信	3.30	3.36	3.23
会使用手机的收藏、下载功能	3.16	3.16	3.17
会将网上看到的图片保存到手机	3.37	3.37	3.37
农户数量	1 325	745	580

部分农户会使用电脑或手机查找、浏览和筛选所需要的信息和数据内容，平均得分为3.30；对于网络上获取的信息，农户一般能够判断出是否准确可信，平均得分为3.30；对使用手机的收藏、下载功能，农户一般可以掌握，平均得分为3.16；对于将网上看到的图片保存到手机上，农户的平均得分为3.27。

（六）综合数字素养

数字素养作为人力资本的重要组成部分，对农户的农业知识技能和管理能力都有重要影响，前文具体报告了农户五个不同维度的数字素养情况，下面将对农户这五个维度的情况进行对比以及分析农户综合数字素养的情况。

由表4-13与图4-9可知，农户的设备与软件操作素养最低，平均值为2.63，其中乌拉特前旗平均水平相较更低，平均得分只有2.56，表明农户对数字工具的基本操作能力及农户创建和编辑文字、图像、视频等内容并进行创意化的表达、输出和传播的能力相对较弱；农户的数字安全素养最高，平均得分为3.95，表明农户的安全防范意识和能力处于较高的水平；农户的沟通与协作素养、信息和数据素养的平均得分分别为3.24、3.28，处于中等的水平；综合来看，农户的综合数字素养平均得分为3.15，鄂托克前旗平均得分为3.16，乌拉特前旗平均得分为3.15，均处于中等水平。由以上情况可知，农户的数字素养总体还有待提高，政府或相关部门应该加强对农户各种数字技能的培训，以此来提高农户的数字素养，充分发挥数字素养在农户生产过程中的促进作用。

表4-13　农户数字素养分析

指标/得分（1～5）	总体平均得分	乌拉特前旗平均水平	鄂托克前旗平均水平
设备与软件操作素养	2.63	2.56	2.72
沟通与协作素养	3.24	3.25	3.24
数字内容创作素养	2.66	2.64	2.70
数字安全素养	3.95	3.98	3.90
信息和数据素养	3.28	3.31	3.26
综合数字素养	3.15	3.15	3.16

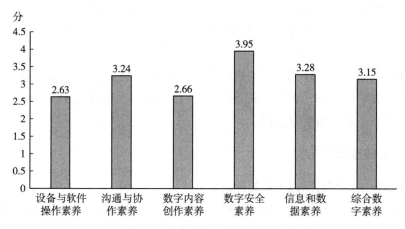

图4-9　农户数字素养分布图

三、结论与政策建议

（一）结论

综合上述分析，可以得出：

（1）内蒙古自治区鄂托克前旗与乌拉特前旗的农户互联网使用率较高，已达到87.27%，其中乌拉特前旗农户的互联网使用率比鄂托克前旗高出7.67%。在上网方式的选择上，Wi-Fi使用率比互联网宽带、移动数据流量使用率都高，可以看出Wi-Fi这种便捷、灵活的上网方式最受当地农户的青睐。

（2）农户拥有的上网设备主要为智能手机、网络电视、笔记本电脑或平板电脑等，其中智能手机的拥有总量及户均拥有数量最多，总量达3 288部，户均拥有2.96部，但是鲜有与农业生产相关的网络设备。

（3）社交沟通、娱乐活动与浏览新闻是农户主要的上网行为，说明互联网在农户相互联系、获取信息、放松娱乐方面发挥着举足轻重的作用。

（4）农户使用互联网进行与农业生产相关的活动主要是获取农业生产信息资讯及参与线上农技培训，而网上获取作物种植方案、农技咨询以及利用手机软件操作农机设备的农户相互对较少。然而，大部分未使用过手机软件从事农业生产相关活动的农户，均在不同程度上表示需要利用手机软件获取农业生产信息资讯、参加农技培训、进行农技咨询、获取种植方案以及操作农机设备等。

（5）仅有 12.55％的农户使用过专门用于农业生产的农业手机软件，且使用频率也相对低，表明农业手机软件还未在当地农村地区得到广泛普及与使用。

（6）内蒙古自治区鄂托克前旗与乌拉特前旗农户的综合数字素养不高，其中农户的数字内容创作素养最低，但农户的数字安全素养相对较高，表明大部分农户具有一定网络安全意识。

（二）政策建议

根据调研情况给出以下政策建议：

（1）应进一步完善农村地区互联网基础设施，要重点补齐农村偏远地区的信息化发展短板，推进网络提速降费，降低农户使用互联网的成本，促进实现农村地区网络全覆盖，提高农村地区的互联网普及率和农户使用率，助力农村地区的信息化发展。

（2）加大对农户使用互联网从事农业生产行为的引导，推动农户将互联网与农业生产经营活动相结合，提高农业生产效率和效益。由于农业生产经营数字化对于农户的数字技能要求较高，因此相关部门应积极宣传引导并组织技术培训，例如开展手机软件在农业生产中的应用培训，使农户能够熟练地通过手机软件来获取农业信息资讯、线上参加种植或养殖相关的技术培训、进行农技咨询、获取科学的作物种植方案以及利用手机操作农机设备，提高农村居民的信息化水平，进而提升农业生产效率、增加农业收入，形成"互联网＋农业"的良好经营生产模式。

（3）政府与农业手机软件运营者应加大对农业手机软件的宣传与推广，提高其在农民群体中的曝光度，提升农户对于农业手机软件的认知与了解，鼓励农户使用农业手机软件来辅助农业生产。

（4）为进一步提高农户数字生活的参与广度和深度，助力数字乡村建设，不断改善农民的生活质量，政府或相关部门应建立农村数字化教育体系，充分发挥数字化教育驱动农民数字生活参与的作用。农户的综合数字素养不高可能与农户的收入水平、受教育程度有关，所以在实施数字化教育的过程中，要注意精准施策，重点关注中低收入农户、中老年农户和受教育水平较低的农户。

（5）应多渠道全方位提升农户的数字素养水平，持续增强农户数字生活参与的内在动力，如开展针对农户的各种数字技能的培训，以此来提高农户的数字素养，充分发挥数字素养在农业生产过程中的促进作用。

第五章　农户资源环境认知

　　作为全国 13 大粮食主产区之一和全国 6 大粮食净调出省份之一，内蒙古自治区为保障国家粮食安全贡献了力量。但随着化肥、农药等的过量投入，以及农田残膜等农业废弃物的不合理处置，该地区农业面源污染问题日益凸显。再加上水资源和生态环境刚性约束日益趋紧，内蒙古自治区农业面源污染防治难度加大。

　　采纳液体肥和可降解农膜等亲环境农业技术对解决农业生产中因大量施用化肥和农膜残留造成的面源污染问题具有积极的作用。当前国家正在大力推广液体肥和可降解农膜，如工业和信息化部通过印发相关文件提出"鼓励开发包括液体肥在内的高效、环保新型肥料"；2021 年中央 1 号文件指出"加强可降解农膜研发推广"。

　　农户是亲环境农业技术的实施者，农户的资源环境意识决定着其采纳亲环境技术的积极性。因此，研究农户的资源环境认知可为当前亲环境农业技术的推广提供重要参考。报告立足于农户自身，从农户对种植环境的认知和对亲环境技术的认知两方面描述农户的资源环境认知，以探索影响农户采纳亲环境农业技术的障碍性因素，为推进农业可持续发展提供有益的政策建议。本章根据 2020 年和 2022 年的调研数据对鄂托克前旗和乌拉特前旗样本户的资源环境认识情况进行分析，并依据分析结果提出有针对性的政策建议。

一、农户种植环境变化认知

　　本部分调查在于了解农户对种植环境变化的了解和感受程度。2020 年共有 410 户农户回答了农业种植环境认知的相关问题，鄂托克前旗和乌拉特前旗回答该部分问题的农户数分别为 223 户、187 户，分别占各地区被调研农户总数的 30％、28.8％，以下为调研结果的统计分析。

（一）农户气候变化认知

1. 气温和降水变化

测度农户对近 5 年来降水量变化的认知时，－5～－1 代表降水量减少，降水量没有变化选择 0，1～5 代表降水量增加。测度农户对近 5 年来降水波动的认知时，－5～－1 代表降水波动减小，降水没有波动选择 0，1～5 代表降水波动变大。测度农户对近 5 年来气温变化的认知时，－5～－1 代表气温降低，气温没有变化选择 0，1～5 代表气温升高。测度农户对近 5 年来气温波动的认知时，－5～－1 代表气温波动减小，气温没有波动选择 0，1～5 代表气温波动变大。

表 5-1 展示了样本户对近 5 年来气温波动、气温变化、降水量波动、降水量变化的感受程度。223 户鄂托克前旗受访农户中，有 198 户农户表示感受到了近 5 年来降水量变化，占受访农户总数的 88.79%；分别有 183 户农户表示感受到了近 5 年来降水波动和气温变化，分别占受访农户总数的 82.06%；有 180 户农户表示感受到了近 5 年来气温波动，占受访农户总数的 80.72%。187 户乌拉特前旗受访者中，有 176 户农户表示感受到了近 5 年来降水量变化，占受访农户总数的 94.12%；有 148 户农户表示感受到了近 5 年来降水量波动，占受访农户总数的 79.14%；分别有 159 户农户表示感受到了近 5 年来气温变化和气温波动，分别占受访农户总数的 85.03%。

表 5-1　农户对气温和降水变化的认知情况

地区	降水量变化		降水波动		气温变化		气温波动	
	数量（户）	占比（%）	数量（户）	占比（%）	数量（户）	占比（%）	数量（户）	占比（%）
鄂托克前旗	198	88.79	183	82.06	183	82.06	180	80.72
乌拉特前旗	176	94.12	148	79.14	159	85.03	159	85.03

如图 5-1 所示，2020 年，在回答种植环境认知的 1 342 户样本户中，强烈同意近 5 年降水越来越少的农户占比 40.46%，比较同意近 5 年降水越来越少的农户占比 45.60%，仅 6.03% 左右的农户没有感觉到近 5 年降水越来越少。与 2020 年相比，2022 年调研结果显示农户感受到降水减少的程度有所差异，其中强烈同意近 5 年降水越来越少的农户占比上升至 52.87%，而比较同意降水越来越少的农户占比下降至 28.43%。总体而言，大部分农户表示感受到降水越来越少。

2. 降水变化对农业生产的影响

问及农户"您同意降水变化对农业生产的影响大吗"，－5～5 依次代表"非常不同意"（－5、－4）、"不同意"（－3～－1）、"一般"（0）、"同意"（1～3）和"非常同意"（4、5）5 个等级。如图 5-2 所示，在 410 位样本户中，有 3 位农户非常不同意降水变化对农业生产影响大，占比 1%；有 5

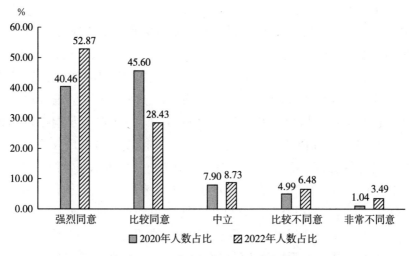

图 5-1　对降水越来越少的变化感知

位农户不同意降水变化对农业生产影响大，占比 1%；有 70 位农户选择了选项"0"，占比 17%；有 179 位农户同意降水变化对农业生产影响大，占比 44%；有 152 位农户非常同意降水变化对农业生产影响大，占比 37%。从统计结果可以观察到，大部分农户认为降水对农业生产有较大影响。就该地区的畜牧业而言，牧草的生长与降水有直接相关，降水过多，牧草的根部容易腐烂；降水过少，牧草则因缺水而枯死。牧草的收割、贮存也要考虑降水情况，如牧草受雨淋后很快就会变质霉烂，不仅影响质量，而且影响贮存时间。

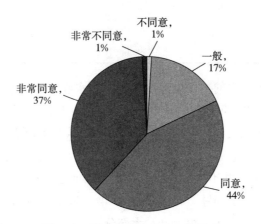

图 5-2　降水量对农业生产的影响

3. 农业用水

关于问题"担心用水收费程度""担心抽水电费增加的程度""担心水越来越少的程度"，−5～5 依次代表"完全不担心"（−5、−4）、"不担心"（−3～−1）、"一般"（0）、"担心"（1～3）和"非常担心"（4、5）5 个等级。如表 5−2 所示，2022 年，鄂托克前旗 223 户样本户中，有 199 户农户表示非常担心水越来越少，占比 89.64%；有 15 户农户表示担心水越来越少，占比 6.76%；选择"完全不担心"和"不担心"的农户仅 2 人，占比 0.90%。乌拉特前旗 187 户样本户中，有 167 户农户表示非常担心水越来越少，占比 89.30%；有 10 户农户表示担心水越来越少，占比 5.35%；选择"完全不担心"和"不担心"的农户共 3 位，占比 1.59%。两地区大部分农户都对水资源的减少感到担心，且感知程度非常强烈，这与该地区近年来气温升高和降水量减少有不可分割的联系。实际上，资源性缺水和农业用水比重大已经成为内蒙古自治区农牧业发展不容忽视的问题，水资源短缺、水粮矛盾和区域水资源供需矛盾日益凸显，已成为制约农牧业可持续发展的主要瓶颈之一。

表 5−2　农户担心水越来越少的程度

程度	鄂托克前旗		乌拉特前旗	
	人数	占比（%）	人数	占比（%）
完全不担心	1	0.45	2	1.06
不担心	1	0.45	1	0.53
一般	6	2.70	7	3.74
担心	15	6.76	10	5.35
非常担心	199	89.64	167	89.30

农户对水资源减少的担忧也体现在担心用水收费和抽水电费的增加方面。如图 5−3 所示，2022 年，410 户样本户中有 409 户回答了"您担心用水收费的程度"这一问题。其中，有 55.75% 的农户表示非常担心用水收费增加，有 31.54% 的农户表示担心用水收费增加，有 11.49% 的农户对该问题并不敏感，有 0.24% 的农户表示并不担心用水收费增加的问题，有 0.98% 的农户表示完全不担心用水收费增加问题。相比于 2020 年，2022 年调研结果显示非常担心用水收费增加的农户占比大幅上升，大部分不担心以及完全不担心用水收费增加问题的农户的态度在 2022 年发生转变。

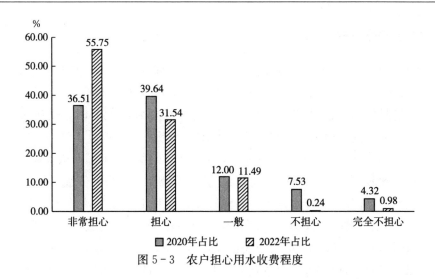

图 5 - 3　农户担心用水收费程度

由于受访农户的灌溉方式以滴灌和喷灌为主，这两类灌溉对灌溉机械有较高的依赖性，用水收费增加主要表现在抽水电费增加。如图 5 - 4 所示，2022年，410 户样本户中有 409 户回答了"您担心抽水电费增加的程度"这一问题。其中，有 56.50％的农户表示非常担心抽水电费增加，31.00％的农户表示担心抽水电费增加，11.00％的农户对该问题并不敏感，0.25％的农户表示并不担心抽水电费增加，1.25％的农户表示完全不担心抽水电费增加问题。相比于 2020 年，2022 年调研结果显示非常担心抽水电费增加的农户占比大幅上升，不担心以及完全不担心抽水电费增加问题的大部分农户态度在 2022 年发生转变。

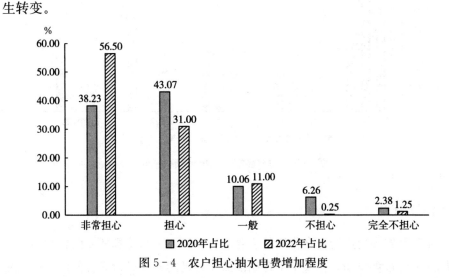

图 5 - 4　农户担心抽水电费增加程度

（二）极端天气

干旱、高温极端天气、低温极端天气发生频率的提高会损害作物生长，造成粮食减产。当被问及"您觉得近五年发生高温极端天气多吗""您觉得近五年发生低温极端天气多吗""您觉得近五年发生旱灾多吗"时，受访农户用0.00%～100%的数值来描述极端天气的发生的频率，区间［0.00%，20%］、（20%，40%］、（40%，60%］、（60%，80%］、（80%，100%］依次代表"非常罕见""比较罕见""一般""比较频繁""非常频繁"5个等级。如图5-5所示，随着气温升高，降水减少，高温极端天气和干旱成了该地区农业生产、农户生活的主要挑战。2022年410户样本户中有32.25%的农户表示近5年旱灾发生比较频繁，16.50%的农户表示近5年旱灾发生非常频繁；19.00%的农户表示近5年高温极端天气比较频繁发生，7.75%的农户表示近5年高温极端天气非常频繁发生。相比于旱灾和高温极端天气，总体来讲，感受到低温极端天气频繁发生的农户占比较小，约9.50%的农户受到低温极端天气的困扰，61.50%的农户表示低温极端天气非常罕见，13.75%的农户表示低温极端天气比较罕见。

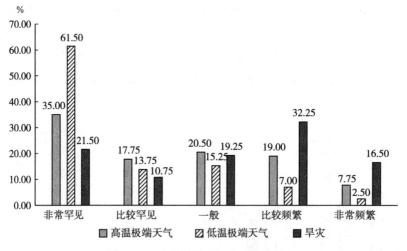

图5-5　农户极端天气出现频率感知

（三）光照

光照是农作物进行光合作用的主要能量源泉。玉米是鄂托克前旗和乌拉特前旗的主要粮食作物，在整个生育期都需要充足的光照进行光合作用，提高光合效能，制造和积累较多的营养物质，能达到植株健壮、穗大高产的目的。问及农户"您觉得近五年当地光线充足吗"，−5～5 依次代表"非常缺少"（−5、−4）、"比较缺少"（−3～−1）、"一般"（0）、"比较充足"（1～3）和"非常充足"（4、5）5 个等级。如图 5−6 所示，2022 年 410 户样本户中有78.75％的农户均表示在进行农业生产活动时有充足的光照，15.75％的农户表示光照较为充足，4.50％的农户表示光照条件一般，约 1.00％的农户表示缺少光照资源。光照强度对植物的生长发育影响很大，它直接影响植物光合作用的强弱。在一定光照强度范围内，在其他条件满足的情况下，随着光照强度的增加，光合作用的强度也相应地增加。总体而言，该地区的太阳辐射资源较为丰富，为农业生产提供了有力的光照条件。

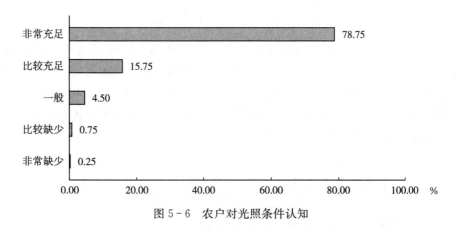

图 5−6　农户对光照条件认知

（四）土壤

问及农户土壤条件时，−5～5 依次代表"非常担心"（−5、−4）、"比较担心"（−3～−1）、"中立"（0）、"比较不担心"（1～3）和"完全不担心"（4、5）5 个等级。土壤板结是指土壤表层因缺乏有机质，结构不良，在灌水或降雨等外因作用下结构破坏、土料分散，而干燥后受内聚力作用使土面变硬的现象。土壤板结会造成作物根系能力下降，导致缺素症。如图 5−7所示，2022 年的调研结果显示 90.00％以上的农户担心土壤板结，相比于2020 年增加了 14.14％，非常担心土壤板结的农户占比由 36.29％上升至 60.36％。

近年来，随着农业集约化种植、连茬复种指数上升，土壤病虫害也开始呈现高发态势，且由于防治难度大、频频引发食品安全问题，土壤病虫害防治已

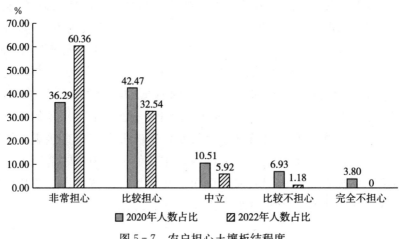

图 5-7　农户担心土壤板结程度

经成为热议话题。如图 5-8 所示，2022 年的调研结果显示 62.13％的农户非常担心土壤病虫害，32.54％的农户比较担心土壤病虫害。辣椒是该地区主要经济作物之一，以辣椒疫病为例，其病原为辣椒疫霉，随土壤、种子传播，在高湿度情况下易发生，可采用清园消除病残体，采取高起垄模式降低田间湿度，并通过行间覆膜避免雨水飞溅的二次侵染。

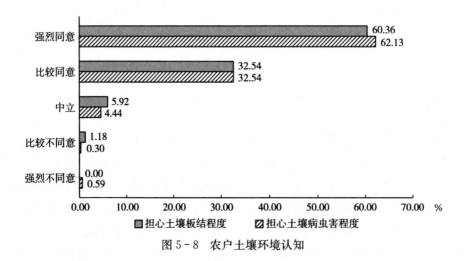

图 5-8　农户土壤环境认知

二、农户亲环境技术认知

农业绿色发展是全面推进乡村振兴的必然选择，也是实现农业农村现代化的重要方式。化肥、农膜等化学投入品不合理使用造成的农业面源污染是当前推动农业绿色发展面临的一个现实难题。为追求短期产量而大量使用化肥、农膜等不仅会破坏土壤结构，导致重金属富集和土地板结，还会污染地下水等水源，降低农产品品质。我国化肥、农药的施用强度明显高于世界和中等偏上收入国家的平均水平，农膜使用量也远高于发达国家，我国农业面源污染防治仍任重道远。农户作为农业面源污染的主要制造者以及农业面源污染治理的主要受益者，在农业面源污染防治中扮演至关重要的角色。农户采纳亲环境农业技术能够有效防治农业面源污染。例如，使用液体肥能够提高化肥利用率，从而降低对土壤和水体的污染；使用可降解农膜则能规避因地膜残留产生的土壤结构破坏、重金属污染等问题。

尽管有关政府部门和科研机构积极鼓励和引导农户采纳亲环境农业技术，但现实中农户采纳水平普遍不高。现有对农户亲环境技术采纳的研究主要关注外部因素的影响，而对农户的个人意愿、农户对环境的态度、农户对亲环境技术及其使用的认知等的关注较少。当农户自身采纳亲环境农业技术的意愿不足时，即使克服了影响采纳的外部阻碍因素，农户也很可能不会在农业生产中采纳亲环境农业技术。为此，需要针对农户对亲环境农业技术的采纳意愿等内部因素进行分析。

个体对某项行为的态度是指个体在了解实施该行为所需的成本、可能带来的结果等内容之后，进而形成对这种行为积极或消极的评价。主观规范则指的是，个体在做是否实施某一行为的决定前感受到的来自对其重要的人（例如亲朋好友）的社会压力，它反映的是对个体重要的他人或团体对其实施该行为的期望。而知觉行为控制则是指个体在实施某一特定行为时对自己能否克服实施过程中的困难的主观感知，即个体会根据已有经验和包括技能、信息、知识、时机、人脉、金钱等在内的客观因素，评估实施该行为的难易程度，并以此作为决策依据。如果个体认为自己能够控制实施该行为的其他不可控因素，就意味着个体自认为对该行为有着较强的行为控制。在本报告中，农户对液体肥和可降解农膜的行为态度是指农户在了解使用这两种技术的成本和收益之后，对这些技术所形成的积极或消极评价。农户采纳液体肥和可降解农膜的主观规范是指在决定是否采纳这两种技术时，农户感受到的来自对其重要的人（例如亲朋好友）的社会压力。农户采纳液体肥和可降解农膜的知觉行为控制是指农户采纳这些技术时对自己能否克服实施过程中的困难的主观感知。

此外，调研还关注个体价值取向、新生态范式、结果意识、责任归因和个体规范等变量。调研对相关潜变量的测度均采用 Likert 5 级量表。量表是在参考已有研究的基础上,根据课题组从实地访谈获取的资料进行修正后形成,使其适合本研究的研究情境。其中,测度农户液体肥和可降解农膜的采纳意愿时,1～5 依次代表"非常不愿意""不愿意""一般""愿意"和"非常愿意"5 个等级。测度计划行为理论中的行为态度、主观规范、知觉行为控制等潜变量时,1～5 依次代表"非常不同意""不同意""一般""同意"和"非常同意"5 个等级。测度价值—规范—价值理论中的利生物圈价值导向、利己价值导向以及利他价值导向等潜变量时,1～5 依次代表"非常不重要""不重要""一般""重要""非常重要"5 个等级。而测度价值—规范—价值理论中的新生态范式、结果意识、责任归因、个体规范等潜变量时,1～5 依次代表"非常不同意""不同意""一般""同意"和"非常同意"5 个等级。各个变量及其所对应的观测变量的含义与代码如表 5 - 3 所示。

表 5 - 3   测量量表

潜变量/观测变量	变量代码	平均值	标准差
行为态度			
我赞成液体肥的推广使用	ATT_1	3.339	1.028
我认为使用液体肥对农业生产是有利的	ATT_2	3.406	0.987
使用液体肥能够保护环境	ATT_3	3.399	0.948
我赞成可降解农膜的推广使用	ATT_4	3.719	1.016
我认为使用可降解农膜对农业生产是有利的	ATT_5	3.768	0.973
使用可降解农膜能够保护环境	ATT_6	3.811	0.974
主观规范			
不保护环境可能会让我遭到周围人的排斥	SN_1	3.600	1.105
不使用液体肥可能会让我遭到周围人的排斥	SN_2	3.157	1.228
不使用可降解农膜可能会让我遭到周围人的排斥	SN_3	3.400	1.177
周围已经有人使用液体肥	SN_4	3.507	1.157
周围已经有人使用可降解农膜	SN_5	2.848	1.350
知觉行为控制			
我能承受使用液体肥带来的风险	PBC_1	3.306	1.260
我能承受使用可降解农膜带来的风险	PBC_2	3.471	1.219
为了采纳新技术,我愿意学习新的知识和技能	PBC_3	3.750	1.174
我能承担使用液体肥所需要的成本	PBC_4	3.557	1.208
我能承担使用可降解农膜所需要的成本	PBC_5	3.552	1.198
您认为社会权力在日常生活中是否重要	EV_2	3.858	0.957

（续）

潜变量/观测变量	变量代码	平均值	标准差
您认为个人影响力在日常生活中是否重要	EV_3	3.981	0.869
您认为家庭财富在日常生活中是否重要	EV_4	4.215	0.837
利他价值导向			
您认为社会公平在日常生活中是否重要	AV_1	4.337	0.712
您认为人人平等对您来说是否重要	AV_2	4.369	0.710
日常生活中帮助周围有困难的人对您来说是否重要	AV_3	4.186	0.713
新生态范式			
人类正在滥用资源和破坏自然环境	NEP_1	3.469	1.033
人类对自然的破坏可能会导致灾难性的后果	NEP_2	3.650	1.009
世界人口太多了，正在接近地球承载的极限	NEP_3	3.439	1.003
结果意识			
保护环境有利于全人类	AC_1	4.386	0.625
发生在本地的破坏环境的行为也会影响全人类	AC_2	4.192	0.806
保护环境将会给我和我的后代营造一个更好的地球	AC_3	4.360	0.623
责任归因			
每个人都有保护环境的责任和义务	AR_1	4.164	0.818
保护环境不只是政府的事，与普通人也有关	AR_2	4.036	0.976
自己的耕地应该由自己保护	AR_3	4.048	0.867
个体规范			
当自己做了保护环境的活动后，我很快乐	PN_1	4.152	0.680
我对别人破坏环境的行为感到遗憾	PN_2	4.094	0.737
我对施用传统化肥可能造成的污染感到担忧	PN_3	4.023	0.794
我对农膜残留感到担忧	PN_4	4.119	0.780
采纳意愿			
您是否愿意使用液体肥	$Intention_{ferti}$	3.719	1.016
您是否愿意使用可降解农膜	$Intention_{film}$	3.671	1.038

　　从表5-3倒数第二行可知，2020年1 347户样本户的液体肥采纳意愿的均值超过3。其中，有48户选择"非常不愿意"（3.60%），104户选择"不愿意"（7.70%），337户选择"一般"（25.00%），548户选择"愿意"（40.70%），310户选择"非常愿意"（23.00%）。而从表5-3的最后一行可知，样本农户可降解农膜采纳意愿的均值也超过3。其中，有59户选择"非常不愿意"

（4.40%），151 户选择"不愿意"（11.20%），213 户选择"一般"（15.80%），675 户选择"愿意"（50.10%），249 户选择"非常愿意"（18.50%）。上述结果表明农户对液体肥和可降解农膜具有一定需求。

三、结论与政策建议

（一）结论

（1）在气候变化方面，鄂托克前旗和乌拉特前旗的农户普遍感受到近年来气温升高、降水减少以及极端天气频繁出现，这与全球气候变化密切相关。近些年来，随着全球变暖不断加剧，鄂托克前旗和乌拉特前旗的平均气温不断升高，降水量减少，同时极端天气事件增加，土壤水分亏缺程度加剧，干旱化倾向明显，直接影响到当地农业生产。

（2）在土壤环境方面，土壤板结以及土壤病虫害给当地农户造成了很大的困扰。土壤是农业生态系统的重要组成部分，土壤污染问题日益严重与气候变化、农户不合理的施肥方式等原因密切相关。根据《全国土壤污染状况调查公告》显示，农业生产中化肥的大量使用是造成耕地土壤污染的主要原因之一。

（3）通过整合计划行为理论和价值—信念—规范理论，农户对液体肥和可降解农膜的采纳意愿可能受主观规范、知觉行为控制、行为态度等一系列心理原因的影响。与此同时，调研数据显示大部分农户对于液体肥和可降解农膜具有采纳意愿，但是在实际观察中采纳相关技术的农户数量远少于具有采纳意愿的农户，这与技术的采用成本、农户对技术的知觉行为控制等原因有关。

（二）政策建议

（1）农业适应气候变化重在事前预防，政府应当针对气候变化的新发展、新情况制定响应预案，同时加强灾害监测预警，做好适应技术研发和人员培训工作。适应气候变化、增强农业的气候韧性，既是保障粮食安全和重要农产品有效供给的要求，也是保障农户生计和提升农民福利的重要途径。

（2）为改善土壤条件，政府需加强农业技术培训，通过激励、互动等方式提高农民农业技术水平。近年来，政府通过推进有机肥代替化肥、实施测土配方补贴等一系列政策措施降低化肥使用量，治理土壤污染，稳步提升耕地质量。但是土壤污染的治理是一项系统工程，不仅依靠政府，更依靠农户自身。农户是土壤的直接使用者，其土壤保护行为对土壤的治理至关重要。技术培训和受教育程度是影响小农户采用土壤保护行为的主要因素。通过技术培训引导农民形成正确的施肥观念，提高小农户科学种养水平和农业生产经营能力，让小农户积极转变为高素质农民进而促进现代农业发展。

（3）为提高农户对亲环境技术的采纳率，政府还需改善农户参与农村绿色发展的行为条件，降低农户行为能力的约束性。农户的知觉行为控制是影响其付诸行动的重要因素，基层组织应发挥关键作用，在改善农村基础设施的同时，还应注重运用"自发为主，引导为辅"的方式方法，对于自发参与型农户，重点是提高其行为控制能力，如提供生产方式转变的技术培训，为行为响应创造有利条件；对于被动参与型农户，重点是降低感知难度，如发挥主动型农户的示范带动作用、实施生态保护补偿等引导性政策，防止这部分农户因心理上的感知难度而对发展方式转型产生排斥，激发其集体认同感和参与意愿。

第六章　农业技术培训

农业技术推广关系到农业科技成果的转化与农民的采纳和应用，进而影响农民的增产增收和农业的可持续发展。随着农业现代化发展的趋势和要求，农业技术推广的作用显得尤为重要。在信息化的时代，加强对农民农业信息技术的培训，努力提高劳动者的素养，培养一批高素质的农业生产一线劳动者，是加快农业科技成果向现实生产力转化的重要方法。现代信息技术在农业中的运用，不但可以增加农民的收入，而且还能更好的刺激农村经济，加快农业现代化的发展。

一、农业技术培训概况

内蒙古自治区鄂尔多斯市鄂托克前旗和巴彦淖尔市乌拉特前旗 2020 年共有 1 342 户农户参与调研。关于农业技术培训的调研从以下三方面展开：农户接受农业技术培训的主要方式、农户参与节水灌溉技术培训情况以及未参与的原因、农业技术主体。乌拉特前旗的样本户为 790 人，鄂托克前旗的样本户为552 人。

首先是农户接受农业技术培训的主要方式。图 6-1 显示，2020 年接受过农业技术培训的农户中，他们参与农业技术培训的主要方式是咨询农业技术服务、集中线下培训、试验示范基地参观、农技员到家指导和线上培训。其中，接受过咨询服务的农户最多，占比 34%，其次是参观试验示范基地（占比25%）、线下集中培训（占比 23%）、技术员到家指导（占比 17%）和线上培训（占比 6%）。总体来看，不同形式的农业技术培训的覆盖率并不高，低于50%，农户得到农业技术培训的机会不均衡。因此，农业技术培训仍然有很大的扩展空间，需要加大农业技术推广范围和培训的力度。

分区域来看，如图 6-2 所示，乌拉特前旗和鄂托克前旗的农业技术培训类型总体一致，主要是咨询农业技术服务、集中线下培训、试验示范基地参观、农技员到家指导和线上培训。咨询农业技术服务占比最高，乌拉特前旗和鄂托克前旗分别为 31% 和 40%；线上培训的占比最小，分别为 5% 和 9%。在

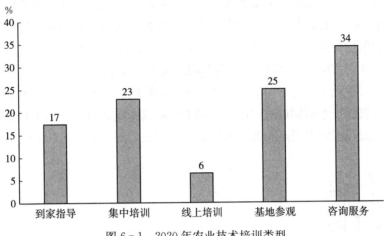

图 6-1 2020 年农业技术培训类型

这五种农业技术培训中，除了基地参观类型，鄂托克前旗农户接受各类农业技术培训的比例均高于乌拉特前旗。这可能与鄂托克前旗和乌拉特前旗的农业技术推广政策和试验示范基地的数量相关。

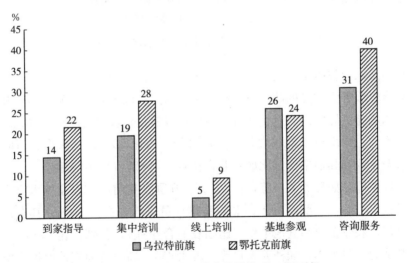

图 6-2 2020 年农业技术培训类型（分区域）

其次是农户参与节水灌溉技术培训情况以及未参与的原因。由于乌拉特前旗和鄂托克前旗地处干旱半干旱区域，水资源缺乏，主要使用地下水进行灌溉，因此节水灌溉技术在该地区的农业生产中发挥着重要作用。通过调查农户参与节水灌溉技术培训的情况发现，在 2020 年，22%的样本户接受过节水灌溉技术的推广服务，达到 292 人。其中，乌拉特前旗 179 人，鄂托克前旗 113

人。在剩下的 78％未参与节水灌溉的样本户中，未参与该服务的原因如图 6-3 所示。在乌拉特前旗和鄂托克前旗，农户未参加培训最主要的原因是没有获取相关培训信息的途径，分别占比 75％和 72％；其次是培训时间与其他活动安排冲突，分别占比 23％和 25％，两旗相差较小；较少比例的农户（6％）未参与的原因是主观上没有参与意愿。由此可知，影响农户参与农业技术培训的首要因素是农业技术培训渠道。因此，加大农业技术培训力度，拓宽农业技术培训的受众面，有助于提高农业技术培训效率和农户对农业技术的采纳率。

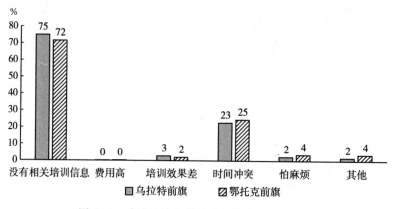

图 6-3　农户未参与节水灌溉技术培训的原因

最后是农业技术推广主体。农业技术推广的性质是属于公益性的，推广主体主要有以服务为主导的政府农业技术推广部门、以科研为基础的高校和科研院所、以利益为导向的农业企业等。在乌拉特前旗，农业技术推广以政府人员推广为主，主要由村干部和农技推广员进行，占比 73％；其次是科研院所人员，农业企业和其他单位（比如农业合作社），分别占比 10％和 5％；还有其他的一些主体，如种养大户等，占比 5％。在鄂托克前旗，农业技术推广以政府人员推广为主，主要由村干部和农技推广员进行，占比 50％；其次是科研院所人员，农业企业和其他单位（比如农业合作社），分别占比 17％和 14％；还有其他的一些主体，如种养大户等，占比 6％。乌拉特前旗政府推广所占比例高于鄂托克前旗，而鄂托克前旗科研院所、农业企业和其他推广主体所占比例高于乌拉特前旗（图 6-4）。

二、农户的培训意愿

农业技术推广的目标是让农户采纳农业技术，通过应用新的农业技术，提

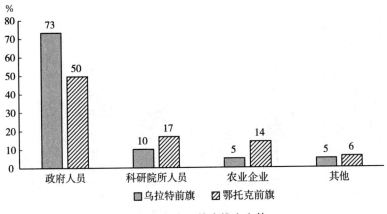

图 6-4 农业技术推广主体

高产量和增加农户收入，促进农业农村现代化。了解农户对农业技术推广的需求和意愿对农业技术推广主体优化农业技术推广方式和策略有着重要的指导意义。图 6-5 显示，总体来看，农户参与农业技术培训最先考量技术本身的实用性，其次是培训费用、是否有知名专家指导、是否有田间示范和是否有礼品或者培训补贴。在乌拉特前旗，42%的农户表示，如果组织的培训是免费的，他们愿意参加农业技术培训；41%的农户表示，当培训的技术是他们需要的、能够解决农业生产中面临的实际问题时，他们愿意参加农业技术培训；35%的农户表示如果有知名专家进行指导，他们愿意参与农业技术培训；此外，31%的农户对田间试验示范这类操作性的指导感兴趣；只有 14%的农户会因为有培训礼品或补贴参与农业技术培训，表明较小的经济激励对大部分农户来说作用并不大。在鄂托克前旗，44%的农户表示，当培训的技术是农户需要的、能够解决农业生产中面临的实际问题时，他们愿意参加农业技术培训；41%的农户表示，如果组织的培训是免费的，他们愿意参加农业技术培训；36%的农户表示如果有知名专家进行指导，他们愿意参与农业技术培训；此外，23%的农户对田间试验示范这类操作性的指导感兴趣；只有 10%的农户会因为有培训礼品或补贴参与农业技术培训，表明较小的经济激励对大部分农户来说作用并不大。通过对比乌拉特前旗和鄂托克前旗农户对培训的期望，发现鄂托克前旗的农户将技术实用性放在首位，而乌拉特前旗的农户更注重培训费用。此外，对田间示范形式的期望比例差距较大，乌拉特前旗相较于鄂托克前旗更倾向于田间示范的培训形式。

图 6-6 展示了农户对农业技术信息获取形式的意愿。当农户面临农业生产经营的问题时，最希望获得农业技术信息的渠道是农业技术员进行上门服

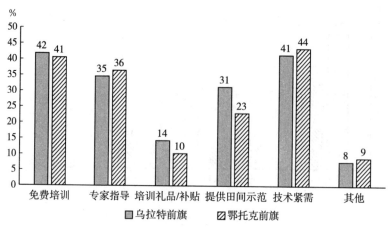

图 6-5　农户对农业技术培训的期望

务，解决实际生产中的问题，这一类农户占比 60%，其次是进行电话咨询、到县乡农技站咨询、视频咨询和向种养大户咨询、事前进行技术宣传以及网上获取资料和解决办法，分别占比 16%，7%，5%，5%，3%，2%和 1%。说明农户更愿意追求较为实用和便捷的农业技术推广服务，因此，考虑农户对农业技术推广服务的需求，优化农业技术推广方式，为农户提供便捷实用的技术服务有重要的意义。总体上，两旗对农业技术培训服务的评价趋势相同，但乌拉特前旗农户对农业技术培训次数的满意度、对推广人员的服务态度、推广服务的帮助作用的认可度相较于鄂托克前旗要高。

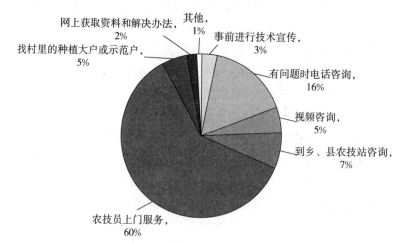

图 6-6　农户对农业技术信息获取形式的意愿

三、农业技术推广评价

农业技术推广的受众是农户，了解农户对农业技术推广服务的评价，有助于优化农业技术推广服务。在此次调研中，从培训内容、培训效果、培训人员等方面对农户展开评价调查。根据图 6-7 显示：总体来看，农户对农技部门提供的农业技术培训服务比较满意，50％以上的农户对农技服务的各项评价都是比较满意或非常满意。具体而言，从培训的技术内容来看，44％的农户认为培训的内容多，69％的农户认为培训的内容实用，70％的农户认为培训的内容容易理解；从培训效果的角度看，61％的农户通过培训后技术水平得到了提高，64％的农户认为对其农业生产有帮助；从培训人员来看，70％以上的农户对培训人员的态度和专业水平表示认可；此外，64％的农户在农业生产中遇到的问题能够得到及时的解决。农业技术推广服务在一定程度上帮助农户学习了新技术，解决了一部分农业生产中的问题。

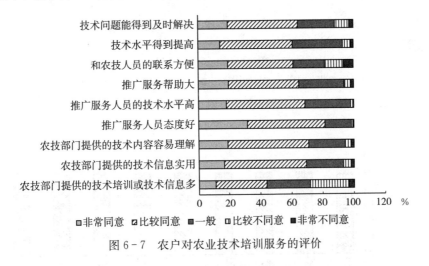

图 6-7　农户对农业技术培训服务的评价

分区域来看，如图 6-8 所示，乌拉特前旗 51％的农户认为农技部门提供的技术信息多，73％的农户认为农技部门提供的技术信息较为实用，77％的农户认为农技部门提供的技术内容容易理解，87％的农户认为农技推广人员的服务态度好，74％的农户认可农技推广人员的技术水平，70％的农户认为农技推广对他们的农业生产的帮助大，61％的农户认为和农技推广人员的联系比较方便，64％的农户认为农技推广后自身的技术水平得到提高，68％的农户表示培训后的技术问题能得到及时解决。如图 6-9 所示，鄂托克前旗 36％的农户认为农技部门提供的技术信息多，65％的农户认为农技部门提供的技术信息较为实用，64％的农户认为农技部门提供的技术内容容易理解，75％的农户认为农技推广人员的服务态度好，63％的农户认可农技推广人员的技术水平，59％的农户认为农技推广对他们的农业生产的帮助大，60％的农户认为和农技推广人员的联系比较方便，56％的农户认为农技推广后自身的技术水平得到提高，61％的农户表示培训后的技术问题能得到及时解决。考虑农户对农业技术推广

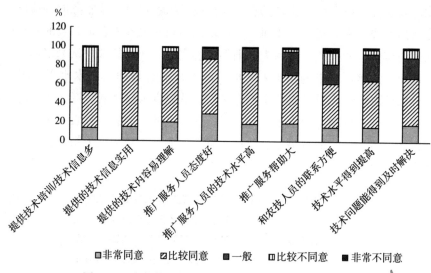

图 6-8　乌拉特前旗农户对农业技术培训服务的评价

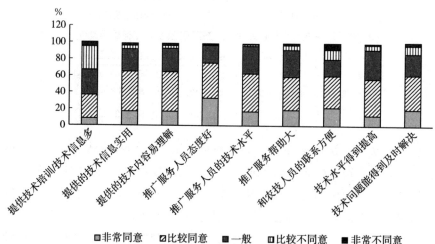

图 6-9　鄂托克前旗农户对农业技术培训服务的评价

服务的需求，优化农业技术推广方式，为农户提供便捷实用的技术服务有重要的意义。总体上，两旗对农业技术培训服务的评价趋势相同，但乌拉特前旗农户对农业技术培训次数的满意度、对推广人员的服务态度、推广服务的帮助作用的认可度相较于鄂托克前旗要高。

四、智能水肥一体化技术培训

(一) 智能水肥一体化技术培训概况

现代科学技术的推广应用已成为农业发展的决定性因素，要实现传统农业向现代农业转变，必须依靠科技进步。农技推广对农业科研成果转化和农业生产力的提升至关重要。现代农业建设对农业发展自动化、智能化以及智慧化提出了要求，智能水肥一体化技术则满足了这些条件，推广该技术对现代农业发展具有重要的意义。在农业智能化背景下，为了依托高等院校科研资源与企业先进技术，为破解农户在采用数字农业技术、智慧农业技术等专业性较高的技术中所面临的知识瓶颈提供有效方案，共同助力内蒙古农业现代化发展，华中农业大学联合乌拉特前旗和鄂托克前旗政府，于 2021 年 5 月、6 月分别在两旗开展了智能水肥一体化技术农业技术培训。此次培训是由华中农业大学宏观农业研究院熊航教授团队组织开展，通过采取"展厅示范＋课堂讲解＋视频分享"的方式，旨在为广大农民全面展示智能水肥一体化技术，向农民传授水肥科学管理的知识和远程控制水肥施用的技能，提高农民数字化种植的认知和促进智能水肥一体化技术的采纳扩散。

智能水肥一体化技术是在传统水肥一体化技术的基础上进行更新的过程，由传统水肥一体化技术与基于数据的精准控制技术集合而成，能够实现智能精准地控制作物灌溉和养分管理，实现科学化、自动化种植。在乌拉特前旗和鄂托克前旗，共计 11 个乡镇 104 个村 746 户农户参加了由华中农业大学和当地政府联合组织的智能水肥一体化技术培训。其中，乌拉特前旗参与智能水肥一体化技术培训人员涉及大佘太镇、先锋镇、苏独仑镇、白彦花镇、小佘太镇、额尔登布拉格苏木、明安镇 7 个乡镇 60 个村，共有 430 户玉米种植户参加；鄂托克前旗参与智能水肥一体化技术培训人员涉及上海庙镇、昂素镇、敖勒召其镇、城川镇 4 个乡镇 44 个村，共有 316 户玉米种植户参加。在以下的数据分析中，由于农户参与农业技术培训的方式存在差别，因此在具体变量上农户答案存在数量上的差别，特此说明。

（二）农户对智能水肥一体化技术认知

1. 农户对数字/智慧农业的了解情况

在参加智能水肥一体化技术培训之前，当地农户对智慧农业的了解程度总体上偏低（图 6-10），说明农户对智慧农业的概念以及发展形式的认知欠缺。

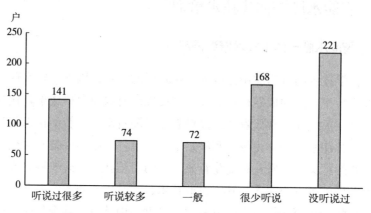

图 6-10　培训农户对智能农业的初始了解程度

将乌拉特前旗和鄂托克前旗比较来看，如图 6-11 所示，两旗农户对智慧农业的了解程度在农户数量上存在差异，但从所占比例来看，区域间差异不大。关于对智慧农业的了解，很少听说与没听说过的人群总和占比在乌拉特前旗和鄂托克前旗分别为 58%、56%，所以乌拉特前旗的农户与鄂托克前旗的农户对于智慧农业的了解程度总体上相当，差距不大，不存在明显的地域差异。

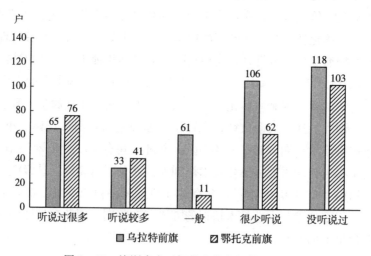

图 6-11　培训农户对智能农业的初始了解程度

从农户对智能水肥一体化技术的了解程度而言，在参加智能水肥一体化技术培训之前，农户的了解程度总体上也较低（图 6-12），说明农户对智能水肥一体化技术的概念以及发展形式的认知欠缺，需要进行农业技术推广培训以扩大农户对智能水肥一体化技术的认知。

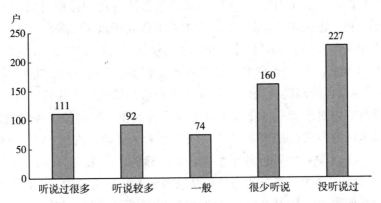

图 6-12　培训农户对智能水肥一体化技术的初始了解程度

将乌拉特前旗和鄂托克前旗比较来看，如图 6-13 所示，区域间差异不大。乌拉特前旗和鄂托克前旗关于很少听说与没听说过的农户数分别为 219 户和 168 户，占各旗总培训农户数的比例分别为 58.55% 和 57.93%。所以乌拉特前旗的农户与鄂托克前旗的农户对于水肥一体化的了解程度总体上相当，差距不大，不存在明显的地域差异。

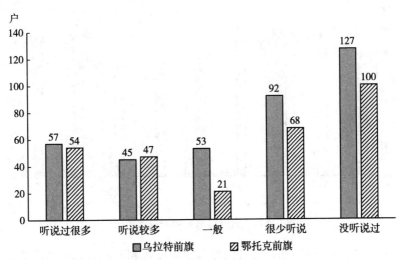

图 6-13　培训农户对智能水肥一体化技术的初始了解程度（分区域）

2. 农户对水肥知识的认知

通过参加智能水肥一体化技术培训，农户在水肥知识、智能水肥一体化技术的认知上得到了很大提升，培训取得了一定的成效。在水肥知识方面，清除未回答农户的数据，农户的基本水肥和玉米种植知识情况如图 6-14 所示。k1 表示"肥料的三要素是什么"，457 户农户非常清楚地知道肥料的"三要素"是氮、磷、钾，占比 61%。k2 表示"'有收无收在于水，收多收少在于肥'的观点是否正确"，549 户农户同意这个谚语的说法，占比 74%。k3 需要选出哪一种肥料是氮肥，有 556 户农户能够正确地识别氮肥，占比 75%。k4 表示"肥料与水混合可提高肥料利用效率"，573 户农户赞同这个说法，占比 77%，说明大部分农户对水肥一体化技术将水和肥料混在一起的做法表示赞同。k5 表示"玉米叶片发黄是缺氮"，405 户农户判断为正确，占比 54%。430 户农户认为 k6（玉米缺磷下部叶片呈紫色）是正确的，占比 58%。418 户农户认为 k7（玉米新叶卷曲、老叶边缘枯焦是缺钾元素）是正确的，占比 56%。这表明农户在肥料的认知面上相对其他种植知识较低，需要提升水肥知识。k8 表示"植物的营养元素通过根系吸收"，74% 的农户（550 户）认可这一说法。73% 的农户认为 k9（施肥时是要和植物根部间隔一定距离）的做法是需要的，达到 543 户农户。总体来看，农户关于水肥的基本知识水平处于中上水平，了解基本的玉米种植和水肥知识。但对肥料施用表征特征的认知相对较低，需要进一步提升肥料应用上的相关知识。

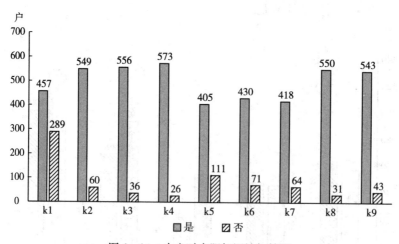

图 6-14　农户对水肥知识认知情况

如图 6-15 和图 6-16，通过比较乌拉特前旗和鄂托克前旗的农户水肥知识情况，发现两地区农户的水肥知识情况是有差异的。在 k1（表示"肥料的三要素是什么"）、k3（需要选出哪一种肥料是氮肥）、k4（肥料与水混合可提高肥料利用效率）、k5（玉米叶片发黄是缺氮）、k7（玉米新叶卷曲、老叶边缘枯焦是缺钾元素）是否正确的问题上，乌拉特前旗农户的回答表现要优于鄂托克前旗，其中差异最大的问题为 k1，两地回答正确率差距为 10％；在 k2（有收无收在于水，收多收少在于肥）、k6（玉米缺磷下部叶片呈紫色）、k8（植物的营养元素通过根系吸收）、k9（施肥时是要和植物根部间隔一定距离）是否正确的问题上，鄂托克前旗的农户回答表现要优于乌拉特前旗的农户，其中差异最大的问题为 k2，两地回答正确率差距为 5％。

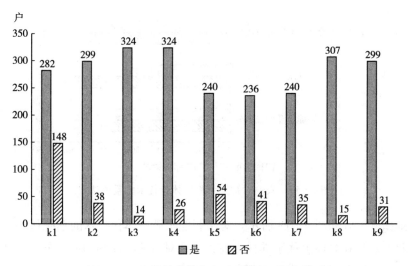

图 6-15　乌拉特前旗农户对水肥知识认知情况

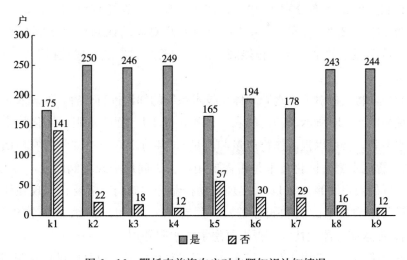

图 6-16　鄂托克前旗农户对水肥知识认知情况

3. 农户对智能水肥一体化技术的认知

关于农户对智能水肥一体化技术的认识，从农户对技术系统和解构的认知、技术功能、技术易用性等方面展开。

从农户对技术系统的认知来看，如图 6-17 所示，从系统总体来看，47％的农户对智能水肥一体化技术的构成部分有着十分清晰正确的了解，53％的农户不能完全地回答出主要的构成部分；35％的农户对智能水肥一体化技术的硬件设备有清晰的认知；41％的农户对智能水肥一体化技术的软件，即水肥管理方案生成所需要的数据有清楚的了解。

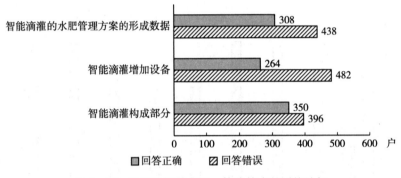

图 6-17　农户对智能水肥一体化技术的系统认知

如图 6-18 和图 6-19 所示，对于智能水肥一体化技术的系统认知，乌拉特前旗的农户在总体上优于鄂托克前旗。在对智能滴灌的构成部分、智能滴灌增加的设备以及智能滴灌的水肥管理方案形成所需要的数据的认知上，乌拉特前旗农户的正确率分别为 49％、40％、43％，鄂托克前旗农户的正确率分别为 44％、29％、38％，乌拉特前旗农户对此的认知均大于鄂托克前旗农户。值得注意的是，在"智能滴灌的水肥管理方案的形成数据"中两地差距最大。

此外，将农户对智能水肥一体化技术系统的知识进行分解，发现农户的认知情况如图 6-20 所示。79％的农户回答正确 D1（智能水肥一体化技术既可以节水节肥，又可以提高作物产量和质量），共有 596 户；59％的农户回答正确 D2（智能水肥一体化技术是否需要用户去田间地头开关阀门?），共有 441户；76％的农户回答正确 D3（实现自动控制开关阀门，需要在您现在使用的滴灌设备上增设电磁阀和阀控器?），共有 567 户；475 户农户回答正确 D4（使用智能水肥一体化技术是否需要您掌握水肥知识?），占比 64％；79％的农户回答正确 D5（"耘博士"小程序可以提供种植方案，也可以操作控制田间设

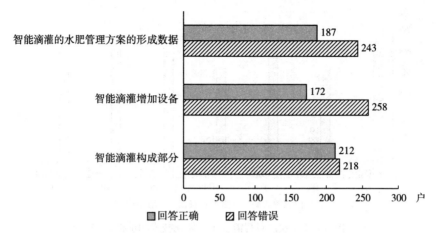

图 6 - 18　乌拉特前旗农户对智能水肥一体化技术的系统认知

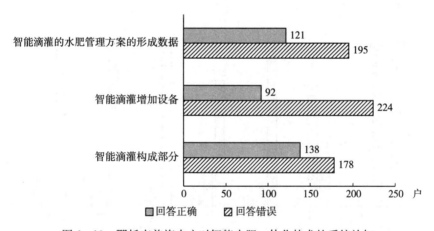

图 6 - 19　鄂托克前旗农户对智能水肥一体化技术的系统认知

备），共有 595 户；81％的农户回答正确 D6（智能水肥一体化技术通过水肥一体机等水肥设备对水肥进行精确配比并进行自动施肥），共有 606 户；79％农户回答正确 D7（智能水肥一体化技术不用人工进行测土和配肥也能实现对每个地块的水肥精准管理），共有 593 户。

　　将乌拉特前旗和鄂托克前旗比较来看，如图 6 - 21 和图 6 - 22 所示，区域间差异不大。关于智能水肥一体化技术功能的认知，乌拉特前旗农户回答的正确率为 78％，鄂托克前旗农户回答的正确率为 75％，所以乌拉特前旗的农户与鄂托克前旗的农户对于水肥一体化技术功能认知水平总体上相当，差距不大，不存在明显的地域差异。

　　从农户对智能水肥一体化技术功能的认知上看，智能水肥一体化技术具有

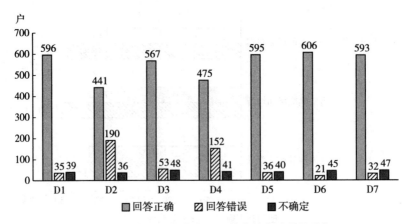

图 6-20　农户对智能水肥一体化技术功能的认知

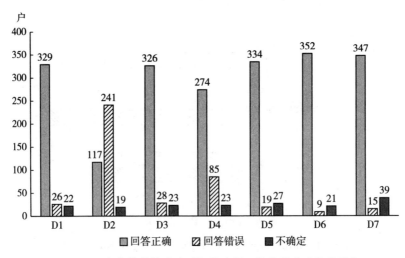

图 6-21　乌拉特前旗农户对智能水肥一体化技术功能的认知

节水、节肥、省工、提高产量的功能，同时，通过减少水肥的投入，提高水肥利用效率，也具有对环境有益的功能。从这五个方面来看，经过培训之后，农户对智能水肥一体化技术的功能认知如下（图 6-23）。在节水功能方面，80%的农户（595 户）认为和现在使用的滴灌设备相比，智能水肥一体化技术在灌水量上会减少（F1：和现在使用的滴灌设备相比，智能水肥一体化技术在灌水量上的变化）；在节肥功能方面，75%的农户（558 户）认为和现在使用的滴灌设备相比，智能水肥一体化技术在肥料使用量上会减少（F2：和现在使用的滴灌设备相比，智能水肥一体化技术在肥料使用量上的变化）；84%的农户（624 户）认为和现在使用的滴灌设备相比，智能水肥一体化技术在劳

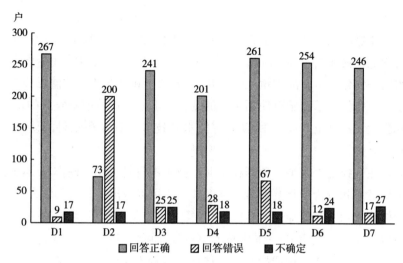

图6-22 鄂托克前旗农户对智能水肥一体化技术功能的认知

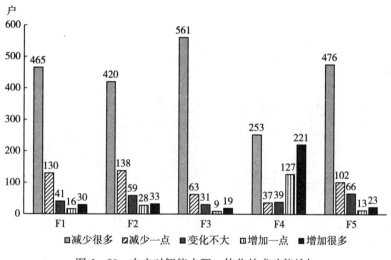

图6-23 农户对智能水肥一体化技术功能认知

动力投入上会减少（F3：和现在使用的滴灌设备相比，智能水肥一体化技术在劳动力投入上的变化）；47％的农户认为和现在使用的滴灌设备相比，智能水肥一体化技术的使用会增加作物产量（F4：和现在使用的滴灌设备相比，智能水肥一体化技术在作物产量上的变化）；77％的农户认为和现在使用的滴灌设备相比，智能水肥一体化技术可以改善土壤环境（F5：和现在使用的滴灌设备相比，智能水肥一体化技术对土壤环境的影响）。从总体看，经过培训之后，农户对智能水肥一体化技术的作用认知较好，取得了一定的成效。

值得注意的是，乌拉特前旗农户对于智能水肥一体化技术功能认知在某些具体问题上要高于鄂托克前旗的农户。在 F1（和现在使用的滴灌设备相比，智能水肥一体化技术在灌水量上的变化）与 F2（和现在使用的滴灌设备相比，智能水肥一体化技术在肥料使用量上的变化）上，乌拉特前旗农户的认知皆比鄂托克前旗农户高出 30％，所以在智能水肥技术节省水和肥料的认知上，两地农户是有差异的。

农户在选择是否采纳一项新技术时，技术本身是否便于操作和学习是影响农户采纳意愿和行为的重要因素。从图 6-24 可以看出，47％的农户认为智能水肥一体化技术的知识原理（G1）比较简单，20％的人认为难度一般；40％的农户认为安装智能水肥一体化技术（G2）简单，19％的人认为难度不大；49％的农户认为操作使用智能水肥一体化技术较为简单，21％的农户认为没什么难度；在学习智能水肥一体化技术的时间上，45％的农户认为学习这项技术需要花费一些时间。

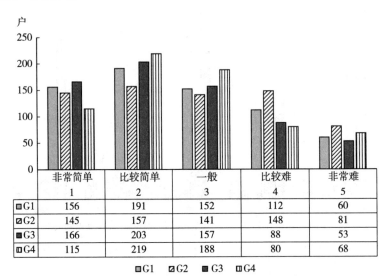

图 6-24 农户对智能水肥一体化技术易用性的认知

尽管从整体上来说两地农户都认为难度不大，但比较后发现，两区域在单个问题的认知上存在差异。在智能水肥一体化技术的知识原理（G1）上，鄂托克前旗的农户中认为简单的人的占比更大。在安装智能水肥一体化技术（G2）、操作智能水肥一体化技术（G3）和学习时间（G4）上，乌拉特前旗的农户中认为简单的人的占比更大。

（三）培训评价

由华中农业大学宏观农业研究院和内蒙古自治区鄂尔多斯市鄂托克前旗政府、巴彦淖尔市乌拉特前旗政府组织的智能水肥一体化技术培训，邀请参与培训的农户从培训总体开展情况、培训的内容、培训的实施人员以及培训的组织安排四方面进行评价，给定 10 分为满分。评价结果如图 6 - 25 所示。B1 表示参与培训的农户对培训活动的整体评价，488 户农户（占比 85％）给出了 9 分以上的评价，对培训活动的总体评价较高，77 户农户给出了 5～8 分的评价，只有少数农户给出了 5 分以下的分数。具体来看，B2 表示参与培训的农户对培训内容的评价，73％的农户（419 户）给出了 9 分以上的评价，148 户农户给出了 5～8 分的评价，5 户农户给出了 5 分以下的分数。B3 表示参与培训的农户对培训实施人员的评价，78％的农户（446 户）认为培训实施人员较为专业、态度好，只有少数几户农户给出了较低的评价。B4 表示参与培训的农户对培训组织安排的评价，76％的农户给予了很高的评价，132 户农户给到了5～8 分的评价，只有 8 户农户给了低于 5 分的评价。将两地比较来看，对于本次培训活动的评价并没有明显差异，好评均占大多数。在乌拉特前旗，四个问题给出最高评价（9 分以上）的人数占比分别为 78％、68％、67％、66％；

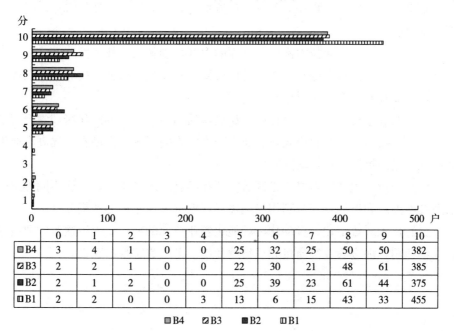

	0	1	2	3	4	5	6	7	8	9	10
B4	3	4	1	0	0	25	32	25	50	50	382
B3	2	2	1	0	0	22	30	21	48	61	385
B2	2	1	2	0	0	25	39	23	61	44	375
B1	2	2	0	0	3	13	6	15	43	33	455

■ B4　　☑ B3　　■ B2　　▢ B1

图 6 - 25　农户对农业技术培训的评价

在鄂托克前旗，四个问题给出最高评价（9 分以上）的人数占比分别为 81％、78％、80％、82％，这说明本次培训活动在两地都收到了良好的反馈。综合上述分析，农户对此次培训活动的内容、实施人员、活动安排总体比较满意，说明此次培训活动得到了广大参与者的青睐。

五、结论与政策建议

综合以上分析，发现内蒙古自治区鄂托克前旗和乌拉特前旗在农技培训方面有下列特点：

（1）鄂托克前旗和乌拉特前旗农技培训的覆盖面不高，农户获得农业技术培训的机会有限，且农业技术培训的形式之间也存在差异，主要以农业咨询服务为主。

（2）影响农户参与农业技术培训的首要因素是农业技术培训渠道。

（3）农业技术推广主体以政府人员推广为主，村干部和农技推广员在基层农业技术推广中发挥了重要的作用。

（4）鄂托克前旗和乌拉特前旗农户对智能化技术、智慧农业方面的认知较低，但通过农业技术培训，农户对这类技术的认知得到显著提升。

基于内蒙古自治区鄂托克前旗和乌拉特前旗农业技术培训的特点，提出以下政策建议：

（1）需要加大农业技术推广和培训的力度，创新农业技术推广方式，提高农技推广效率，让更多的农户能够有机会接受农业技术培训，进而提高农业生产率，增加收益，推动乡村振兴。

（2）在农业技术推广的过程中，从受众的利益出发，推广和培训农户切实需要的农业技术，切实解决农户农业生产中面临的问题，帮助农户提高农业生产技能，进而提高产量，增加收益。

（3）农业技术推广需要考虑区域特征和已有的现实条件，开展不同类型的农业技术推广和培训，充分利用当地优势，促进农业生产力的提升。

（4）加大对数字化、自动化、智能化农业技术的推广，促进这类农业技术的采纳使用，促进农业高质量和可持续发展，助力数字乡村建设。

第七章　农情遥感监测

一、耕地地块遥感提取

鄂托克前旗位于我国西北部生态脆弱地带，随着喷灌、滴灌等节水技术的普遍使用，该旗呈现耕地集约化和地块面积增大的趋势。获取该地区准确的地块分布数据进行分析评估对于当地政府制定农业生产政策、评估粮食产量及提高保障粮食安全的能力均具有重要意义。因此，本研究拟运用卫星遥感技术监测鄂托克前旗的耕地地块特征。

基于 Sentinel-2 时序影像，首先根据耕地像元的多光谱特征，利用 U-Net 模型充分挖掘像元的像素值与类别的关系，实现耕地空间分布高精度提取。其次，在耕地识别的基础上，使用自适应图像分割方法获取鄂托克前旗全旗的地块分布数据。最后，从空间格局、景观格局和形状格局上做不同维度的分析，探究其政策导向下节水农业的发展。

（一）数据准备

耕地地块是农业生产的基本单元，从遥感图像中提取地块一直是近几年的研究热点，并且已经引入了许多方法来解决该问题。本小节使用深度学习中的语义分割模型对非耕地像元进行剔除，进一步使用多尺度分割方法对耕地地块进行提取。

表 7-1　鄂托克前旗主要农作物播种面积（公顷）

主要作物	播种面积				
	2016 年	2017 年	2018 年	2019 年	2020 年
玉米	16 311	18 078	19 800	22 393	23 187
薯类	3 429	4 125	4 767	5 062	1 930
油料作物	1 308	2 084	664	504	97
蔬菜及食用菌	1 229	1 273	1 129	2 037	1 908
瓜果类	1 507	1 804	2 721	3 309	1 598

注：数据来源于历年《鄂尔多斯市统计年鉴》。

　　鄂托克前旗主要农作物播种面积如表 7-1 所示，从表中可以看出，鄂托克前旗主要农作物为玉米。结合调查资料显示，鄂托克前旗的农作物播种时间主要集中在 4—5 月份，收获时间为 9—10 月，因此选择 6—9 月的遥感影像数据更有益于耕地的提取。

　　本小节数据来源为 GEE 平台。在 GEE 平台上调用 2016 年与 2020 年 6 月 1 日到 9 月 1 日的所有 Sentinel-2 L2A 产品，选取空间分辨率为 10 米的所有波段。预先筛选云量小于 20% 的影像，最终筛选得到可用的 Sentinel-2 L2A 产品数量如图 7-1 所示。使用 Sentinel 2 自带的 QA60 波段去云，保留剩余的地表反射像元，利用 mosaic 方法进行融合。

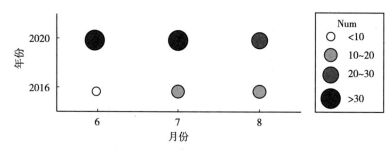

图 7-1　可用 Sentinel-2 L2A 产品

　　为方便后期进行面积和周长的量算，还需要对影像先进行投影处理，根据墨卡托投影原理，将下载得到的图像投影为 WGS_1984_UTM_Zone_48N，并将分辨率重采样设为 10 米。通过制作渔网对训练集和验证集区域进行划分，再经过后续处理得到训练和验证数据。渔网大小为 5 120 米×5 120 米，所以每个区域图像像元数量为 512×512。训练集和验证集的划分比例为 4∶1，共选取了 293 个训练区域和 70 个验证区域。通过旋转进行数据增广，最终得到训练集 13 185 幅影像，验证集 3 150 幅影像。

（二）非耕地像元剔除

　　使用 U-Net 模型剔除非耕地像元的影响，将处理好的遥感影像训练集与标签数据测试集输入到训练生成器中，再输入到 U-Net 网络进行参数训练和学习，基于预测结果与标签值，使用交叉熵计算误差值，利用 Adam 优化器优化参数，自动调整学习率，缩小损失值，反复迭代直到误差值最小且稳定为止。本小节中的初始学习率设置为 $1e^{-4}$，Batch_size 为 16。将待预测的 2016 年和 2020 年的影像全部裁剪为与训练模型输入相同的 256×256 大小的图片，将其投入训练完毕的模型中。预测图像为概率图，概率阈值设置为 0.5。

由于研究区的影像预测是基于被裁剪处理后的影像，因此需要对预测结果进行拼接组合，从而获得完整研究区的预测数据。本小节使用 Python 脚本进行拼接组合技术，获得鄂托克前旗 2016 年与 2020 年的耕地数据。

（三）自适应图像分割方法

基于面状特征的图像分割方法是指将一张图像分成多个具有相似特征的区域，使得每个区域内的像素具有相同的属性，例如颜色、纹理、亮度等。

自适应图像分割方法（MSAOS）是一种能够自动选择最优分割尺度的自适应图像分割算法，用来提取异质农业景观中的农田地块，在不同区域不同尺度上均有突出的优势。MSAOS 方法主要包括 3 个部分：

（1）粗分割，基于最优纹理特征的 k‑means 聚类能够将整幅图像划分为同质和异质区域。

（2）细分割，针对同质区域，基于平均局部方差（ALV）函数进行精细分割，确定潜在耕地地块的最优分割尺度。

（3）区域合并，采用区域合并算法对过分割的小面积对象进行合并和溶解。使用合并成本函数将小而琐碎的片段与面积更大、公共边界长度更长、特征差异更小的相邻区域进行合并。本小节选取的分割阈值为 0.000 001，融合像元阈值为 50，基于 MATLAB 脚本运算。

（四）模型效果评价

选取多类指标对分类精度进行评价，包含精确率、召回率和 F1 值，均为常见的分类评价指标。

表 7‑2　2020 年精度评价以及模型迁移至 2016 年的精度评价

指标	2016 年	2020 年
精准率（Precision）	0.805 0	0.882 5
召回率（Recall）	0.875 8	0.864 6
F1 值	0.838 9	0.873 5

通过对比假彩色影像、标签数据与预测结果可以发现，训练后的 U‑Net 模型在研究区内不同农业景观下都表现良好，没有出现噪声颗粒等现象，模型精度评估质量较高。表 7‑2 显示了 2016 年与 2020 年耕地提取各评价指标精度情况，其中 2016 年的三个评价指标均高于 0.8，表明将 2020 年训练的模型迁移至其他年份仍可以获得较优分类效果。考虑模型进行时间迁移发生精度降

低的原因可能有：①2016 年影像像素值较 2020 年存在一定偏差，导致精度出现下降；②2016 年是单星数据源，2020 年是双星数据源，且 2016 年影像质量较差。

基于区域的精确率和召回率指标来评估地块分割质量。这两种指标是基于区域重叠计算的，即选取重叠部分中最大的一部分作为交集结果。有研究表明这种求取区域重叠的方法相较于一般的求取方法而言，对于过分割和欠分割的检测更加敏感。

在地块区域验证指标中，其精确度中位数为 79.2%，召回率中位数为 88.3%，F1 值中位数为 82.2%，在地块边界验证指标中，其完整性中位数为 86.3%，准确性中位数为 71%，质量中位数为 67%。

二、耕地地块变化监测

（一）空间格局变化分析

空间分布样方分析是一种常用的地理信息系统分析方法，它的原理是通过在地理空间上设置一定数量和大小的样方，对耕地地块进行空间分布定量描述和分析。在进行空间分布样方分析时，通常需要先确定样方的大小和数量。然后在研究区域内布置样方，并记录每个样方内所包含的耕地地块数量信息。通过对样方统计信息进行 K-S 统计检验可以研究两者之间是否存在统计学上的显著性差异关系，进而得出耕地地块空间分布特征的定量描述和分析结果。

本小节研究选用正方形样方，样方大小选取 1 280 米×1 280 米。K-S 统计检验法中使用 D 统计量对样方信息进行检验，D 统计量用公式 7-1 表示：

$$D = \mathrm{Max}|M_i - N_i| \tag{7-1}$$

其中，M_i、N_i 分别表示不同年份第 i 组的累计频率。

K-S 检验的 $\alpha = 0.05$ 显著水平下的统计检验临界值表示为：

$$D_{\alpha=0.05} = 1.36\sqrt{\frac{n_1 + n_2}{n_1 \times n_2}} \tag{7-2}$$

其中，n_1、n_2 分别为两种频数分布的样方数。

计算所有耕地地块的质心坐标，将耕地地块转化为点要素进行样方分析。计算结果表明，2016 年与 2020 年鄂托克前旗地区的耕地整体呈现聚集模式特征，耕地最多的区域集中分布在上海庙镇（鄂托克前旗西部）、敖勒召其镇（鄂托克前旗中南部）和城川镇（鄂托克前旗东南部）三个镇中。同时，从

2016 年到 2020 年耕地地块数目不断增多，尤其是含 1～20 个耕地数目的样方。

表 7-3　2016 年与 2020 年鄂托克前旗耕地地块空间分布样方分析统计结果

样方中的耕地地块个数	2016 年			2020 年		
	频数	频率	累计频率	频数	频率	累计频率
0	4 638	0.590 001	0.590 001	4 109	0.522 707	0.522 707
1	429	0.054 573	0.644 574	373	0.047 449	0.570 156
2	318	0.040 453	0.685 027	306	0.038 926	0.609 083
3	273	0.034 728	0.719 756	249	0.031 675	0.640 758
4	251	0.031 93	0.751 686	243	0.030 912	0.671 67
5	221	0.028 113	0.779 799	243	0.030 912	0.702 582
6	159	0.020 226	0.800 025	188	0.023 916	0.726 498
7	161	0.020 481	0.820 506	195	0.024 806	0.751 304
8	133	0.016 919	0.837 425	174	0.022 135	0.773 438
9	127	0.016 156	0.853 581	146	0.018 573	0.792 011
10	103	0.013 103	0.866 684	121	0.015 392	0.807 404
11～20	522	0.066 404	0.933 087	736	0.093 627	0.901 03
21～30	184	0.023 407	0.956 494	327	0.041 598	0.942 628
31～40	121	0.015 392	0.971 887	175	0.022 262	0.964 89
41～50	81	0.010 304	0.982 191	108	0.013 739	0.978 629
51～60	64	0.008 141	0.990 332	70	0.008 905	0.987 533
>60	76	0.009 668	1	98	0.012 467	1
合计	7 861	—	—	7 861	—	—

从表 7-3 中可以看出，2016 年到 2020 年鄂托克前旗不含耕地地块的样方数有降低的趋势，这说明越来越多的土地被用作农业生产。另外，含 1-4 个耕地地块的样方在逐年减少，而包含大于 5 个耕地地块的样方均在逐年增多。结合已有的地块提取结果：鄂托克前旗 2016 年与 2020 年的耕地地块个数分别为 39 226 和 51 449 个，这说明增加的地块大多在原有地块周围，2020 年的耕地地块分布得更加集中。

对样方数据进行 K-S 检验，构建假设 H_0 为 2016 年与 2020 年的频数分布之间不存在显著差异，则 H_1 表示 2016 年与 2020 年的频数分布之间存在显著差异。根据上述公式计算 K - S 检验中的 D 统计量为 0.080，临界值 $D_{a=0.05}$ 为 0.022，D 统计量大于临界值 $D_{a=0.05}$，拒绝假设 H_0，证明在 $\alpha = 0.05$ 的显著水平下，2016 年和 2020 年鄂托克前旗地区的耕地地块的空间分布模式存在明显差异。

核密度估算是一种地理信息系统中常用的空间分析方法，用于描述空间数据的密度分布情况。样方分析法是通过在空间中随机抽取样方，计算样方内的属性值，从而推断整个区域的属性值，主要分析耕地地块数量在空间上的分布以及变化。而核密度分析是通过对空间中的点进行核密度估计，计算每个位置的密度值，反映整体耕地地块空间分布格局及其变化的整体效果。一般认为，核密度估算值越高，耕地空间分布密度和规模也越大。

核密度估算的原理是基于一定的核函数，通过将空间中所有点作为中心点，计算在该中心点周围的一定范围内点的密度，最终得到一张反映空间密度分布的连续性表面。ArcGIS 中的核函数以 1986 年 Silverman 提出的四次核函数为基础进行计算，完整的核密度计算公式为：

$$Den = \frac{1}{r^2} \sum_{i=1}^{n} \left[\frac{3}{\pi} \times p_i \left(1 - \left(\frac{d_i}{r} \right)^2 \right)^2 \right] \qquad (7-3)$$

其中，$i = 1, \cdots, n$ 是输入的点，p_i 是 i 点的字段值，d_i 是 i 点和（x, y）位置的距离，r 是搜索半径。

默认搜索半径 r 公式为：

$$r = 0.9 \times \min\left(SD, \sqrt{\frac{1}{\ln(2)} \times D_m} \right) \times n^{-0.2} \qquad (7-4)$$

其中，SD 是标准距离，D_m 是中值距离，n 为字段点数。

本小节基于 ArcGIS 中内置的工具对地块点进行核密度估算，由于 2016 年与 2020 年地块点个数不同，2016 年与 2020 年计算得到的搜索半径分别为 4 118 米和 4 311 米，但是对耕地空间分布变化的研究需要保持搜索半径一致，所以选择搜索半径为 4 000 米，输出像元大小为 500 米进行计算。

鄂托克前旗各区域耕地地块核密度估算结果表明：①鄂托克前旗西北地区的耕地地块情况没有明显变化，但结合样方分析的结果来看，西北地区所增加的耕地地块都为小面积地块，并没有形成集约化的大型农田；②上海庙镇（鄂托克前旗西部）和城川镇（鄂托克前旗东南部）的耕地地块分布密度主要变化为向外围地区扩散，而中心地区的耕地分布密度没有明显变化；③敖勒召其镇（鄂托克前旗中南部）和昂素镇（鄂托克前旗北部）耕地地块分布密度出现明显增加，但是敖勒召其镇是由中等地块密度向高等地块密度转变，昂素镇是由低等地块密度向中等地块密度转变。

地块面积的大小变化直观反映了耕地集约化的程度，地块面积越大，则使用农机耕作的概率越大。基于已有的地块数据提取结果，本小节利用相交工具将两个不同年份的耕地地块进行空间上的叠合，利用其原有的面积信息，统计不同耕地地块的面积变化情况。

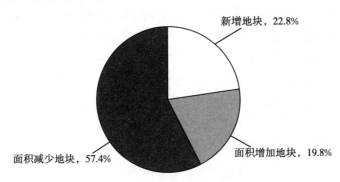

图 7 - 2　2016 年到 2020 年鄂托克前旗地块面积变化饼图

耕地地块的面积变化情况如图 7 - 2 所示。从 2016 年到 2020 年，面积增加的地块（包括新增地块）占比 42.6%，57.4% 的耕地地块面积出现了减少的情况。结合样方分析和核密度估算的结果进行分析，耕地地块面积减少的原因可能是原有的大地块由于种植结构的改变导致其分裂成几个地块，进而导致其地块面积减少，但地块个数增多。面积增加的地块数量小于面积减少的地块数量，但其增加的总面积远超于减少的面积，证明了鄂托克前旗整体耕地呈现往大地块方向发展，整体耕地向集约化方向发展。

质心是面要素中的几何中心，分析其空间变化可以分析研究区域内某种特征的空间位置随时间的变化情况，进一步掌握其演化和发展趋势。质心变化的原理是通过计算某种特征在两个或多个时间点上的质心位置，进而分析地物的运动、变化趋势等信息。

先计算分析单元的质心点，利用公式求取不同属性的质心点：

$$X = \frac{\sum_{i=1}^{n}(P_i \times X_i)}{\sum_{i=1}^{n} P_i} \qquad (7-5)$$

$$Y = \frac{\sum_{i=1}^{n}(P_i \times Y_i)}{\sum_{i=1}^{n} P_i} \qquad (7-6)$$

本小节对鄂托克前旗境内所有的地块面积与地块个数、各乡镇内的所有地块面积分别进行质心变化分析，得到不同尺度下地块在面积和个数两个属性上的质心位置变化情况。

由于地块的个数也具有一定的现实意义，所以本小节分别对地块面积和地块个数进行质心变化分析，计算结果表明：①耕地地块面积质心向东南方向移动，说明了东南方向地块面积较多；②耕地地块数目质心向西北方向移动，说明了西北方向地块个数增加量相较于其他方向上的增量要多；③在数目质心向相反方向移动的前提下，面积质心依旧向东南方向移动，证明了西北方向增加的地块面积较小，还没有形成集约化的农田，同时，面积质心的移动距离要大于数目质心的移动距离，证明在面积尺度下，东南方向地块面积的增量是在数目尺度下西北地区方向增量的数倍。

数目质心和面积质心向相反方向移动这一问题，全旗尺度上的地块面积和地块个数路径变化分析不足以充分探究其原因，因此需要从乡镇尺度上查看各镇耕地地块的面积质心变化。结果表明：①质心向东部方向移动的乡镇分别为上海庙镇和敖勒召其镇，其中上海庙镇的耕地地块面积质心向东北方向移动 2 107 米，敖勒召其镇的耕地地块面积质心向东部方向移动 1 437 米；②质心向西北部移动的乡镇分别为昂素镇和城川镇，其中昂素镇的耕地地块面积质心向西北方向移动 2 747 米，城川镇的耕地地块面积质心向西北方向移动 3 492 米；③结合所有质心移动的距离，城川镇的质心移动距离最大，敖勒召其镇的质心移动距离最小，整体上看，质心向西移动的乡镇移动距离要比质心向东移动的乡镇所移动的距离要大；④整体来看，所有乡镇的耕地地块面积质心移动方向都向着各乡镇的几何质心点偏移。

分析出现以上变化的可能原因：①鄂托克前旗政府驻扎于敖勒召其镇，该镇不是当地主要的农业发展中心，所以耕地地块质心移动距离最小；②城川镇位于毛乌素沙地腹地，该镇归属于当地政府农业发展规划范围内，导致其耕地地块质心移动距离最大。

从现有的统计年鉴材料中可以看出，城川镇的农业产量收入在全旗位居第一，证明了城川镇是当地的农业生产主力，以发展农业为主，所以该地的耕地地块结构发生了较大变化，在上海庙镇增加了较多耕地的情况下，全旗尺度的耕地地块面积质心仍在向城川镇移动。

从空间格局的变化来看：①鄂托克前旗的耕地分布在 2016 年和 2020 年有较大的空间差异；②增加的地块大多数在原有地块的周围，少部分位于西北地区；③西北地区增加的地块数目多，但是面积较小，对于全旗的耕地面积质心和核密度变化没有较大影响；④在乡镇尺度上，上海庙镇的耕地地块面积质心向东北方向移动，是由于该镇东北区域的地块数量增多，虽然原有地块周围耕地数量也有增多，但是没有东北区域的地块数量增量大。昂素镇整体地块分布密度由低密度向中等密度转变，大多数新增地块位于原有地块周围，耕地地块面积质心向西北方向移动，结合其他分析结果来看，其西北方向在形成新的集约化耕地。敖勒召其镇耕地地块变化情况最小，在样方分析和核密度分析中可以看出，其原有高密度地块周围的地块数量增加，面积质心没有太大变化。城川镇耕地地块变化情况较大，在其原有高密度地块周围的地块数量没有明显增加，但是其他中等密度地块周围的地块数量有增加，与上海庙镇不同，该地区的地块增加导致了核密度分析时中密度耕地地块变为高密度耕地地块，从质心分析上来看，其变化也是最大的，是影响全旗耕地面积质心变化的主要乡镇。

（二）景观格局变化分析

景观指标可以表达地物的空间分布、组成成分。定量标准的景观格局信息含量高，功能强，在目前土地利用中应用广泛。耕地地块具有数量特征、形态特征和空间分布特征，可以用来衡量和表征耕地利用规模。

本小节选取 6 个景观指标来反映耕地地块的面积、形状与分布，分别是平均地块面积（MPS）、地块密度（PD）、边界密度指数（ED）、面积加权形状指数（AWMSI）、地块数量破碎化指数（FN）、地块形状破碎化指数（FS）。以耕地地块边界长度、耕地地块数量、耕地面积为基础数据进行统计计算。各景观指标的公式和含义如下表 7 - 4 所示：

表 7 - 4　各景观指标的公式和含义

景观指标	公式	含义	单位
平均地块面积（MPS）	$MPS = A/N$	可以比较直观地反映耕地破碎化程度	平方米/个
地块密度（PD）	$PD = N/A$	地块密度是耕地破碎的具体量化，该指标值与耕地破碎化程度呈现正相关关系，即其值越大，破碎化程度越高	个/平方米
边界密度指数（ED）	$ED = E/A$	该指标揭示了地块被分割的程度，指标值越大，说明地块分割程度越大	1/米
面积加权形状指数（AWMSI）	$AWMSI = \sum_{i=1}^{N} \left[\dfrac{0.25 P_i}{\sqrt{a_i}} \times \dfrac{a_i}{A} \right]$	该指标是地块形状与地块面积对实际种植面积产生影响的一种反映；面积加权形状指数越大，说明破碎化程度越高	%

（续）

景观指标	公式	含义	单位
地块数量破碎化指数（FN）	$FN = \dfrac{(N-1)a_{\min}}{A}$	该指标直接反映地块的破碎化程度，$0 \leqslant FN \leqslant 1$，其值越趋于1，地块破碎化程度越高	%
地块形状破碎化指数（FS）	$FS = 1 - 1/\sum_{i=1}^{N} \dfrac{0.25P_i}{\sqrt{a_i}}/N$	该指标可直接评价耕地破碎化程度，值越大，破碎化程度越高	%

其中，A 表示耕地总面积；N 表示耕地地块数；E 表示耕地地块的边界总长度；p_i 表示地块周长；a_i 表示地块面积；$a_{\min}$ 表示研究区域内地块最小面积。

将6种景观格局指标分为三类，具体分类结果如表7-5所示，根据指标权重可以获取类别权重，从而分析不同指标类别在不同年份对于综合破碎度指标的影像，同时也可以探究在不同年份不同景观指标对景观指标类别的权重占比变化情况。

表7-5 各景观指标分类

景观指标类别	景观指标
面积破碎指标（a）	平均地块面积（MPS，a1） 地块密度（PD，a2）
形状破碎指标（s）	边界密度指数（ED，s1） 面积加权形状指数（AWMSI，s2）
分布破碎指标（d）	地块数量破碎化指数（FN，d1） 地块形状破碎化指数（FS，d2）

耕地地块破碎度综合指数是耕地地块在一定时空下的具体量化，基于所选取的6个景观指标，利用CRITIC法计算各指标权重，得到最终的耕地地块破碎度综合指数，用于衡量耕地地块在景观格局中的变化。

CRITIC方法总共有三个步骤。首先对指标进行正向化和标准化，利用min-max法将负向指标和正向指标分别进行标准化处理，如下式所示：

$$x'_{ij} = \frac{\max(x_j) - x_{ij}}{\max(x_j) - \min(x_j)} \tag{7-7}$$

$$x'_{ij} = \frac{x_{ij} - \min(x_j)}{\max(x_j) - \min(x_j)} \tag{7-8}$$

其中，公式 7-7 是对负向指标进行标准化，公式 7-8 是对正向指标进行标准化。

其次是计算各指标的信息承载量。分别计算各指标的对比性与矛盾性，对比性用标准差来表示，矛盾性则使用皮尔逊相关系数来表示。对指标的对比性和矛盾性相乘即获得指标的信息承载量：

$$\sigma_j = \sqrt{\frac{\sum\limits_{i=1}^{m}(x'_{ij} - x'_{j\text{mean}})^2}{m-1}} \qquad (7-9)$$

$$f_j = \sum_{i=1}^{m}(1 - r_{ij}) \qquad (7-10)$$

其中，σ_j 表示指标 j 的对比性，f_j 表示指标 j 的矛盾性，$x'_{j\text{mean}}$ 表示 x'_j 的均值，r_{ij} 表示皮尔逊相关系数。

最后，利用获得的信息承载量进行指标权重的计算，从而计算耕地地块破碎度综合指数。

$$w_j = \frac{C_j}{\sum\limits_{i=1}^{n}C_j} \qquad (7-11)$$

$$W_i = \sum_{j=1}^{n} w_j \times x'_{ij} \qquad (7-12)$$

其中，w_j 表示指标 j 的权重，W_i 表示某个行政乡镇的耕地地块破碎度综合指数。

CRITIC 法相较于常用的熵权法和主成分分析法而言，能够同时考虑到数据的波动性和数据间的相关关系，有效提高赋权的准确性和可信度。

图 7-3 展现的是使用 CRITIC 方法计算的六个指标的权重值以及其分类后类别指标的权重值。可以发现：①在面积破碎指标中，平均地块面积和耕地密度所占权重相近，二者对面积破碎指标的影响相差无几。从 2016 年到 2020 年，平均地块面积指标权重降低，而耕地密度指标权重增加，但是这一变化幅度较小，可以忽略不计。②在形状破碎指标中，边界密度指数与面积加权指数所占权重比约为 3 : 7，所以面积加权指数对形状破碎指标的影响更大。从 2016 年到 2020 年，边界密度指数权重降低，面积加权指数权重增加，证明从 2016 年到 2020 年边界密度指数值的标准差变小或者相关系数变大，即地块的边界密度变得较为集中。③在分布破碎指标中，地块数量破碎化指标和地块形状破碎化指标所占权重比约为 3 : 7，所以地块形状破碎化指标对分布破碎化指标的影响更大。从 2016 年到 2020 年，地块数量破碎化指标和地块形状破碎

化指标所占权重未发生明显变化。④在所有的指标类别对耕地地块破碎度综合指数的权重中，形状破碎指标＞分布破碎指标＞面积破碎指标，所以在耕地地块破碎度综合指数中，形状破碎指标对其影响更大。从 2016 年到 2020 年，面积破碎指标和分布破碎指标对耕地地块破碎度综合指数的影响都降低，而形状破碎指标对其影响在增加，证明了从 2016 年到 2020 年，在描述耕地地块的各种景观指标中，用于描述形状破碎指标的标准差在增加或者相关系数在降低，说明了在这段时间内地块的形状变化明显而且变化类别多样，导致其标准差增加。

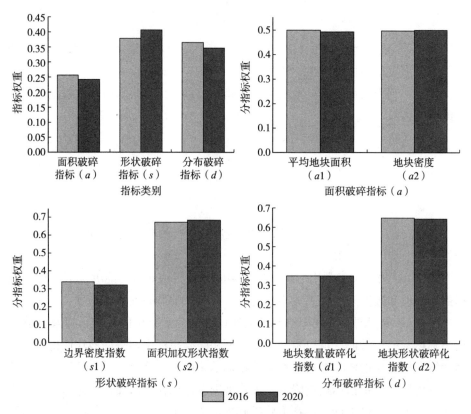

图 7 - 3　2016 年与 2020 年鄂托克前旗各景观指标赋权占比

通过图 7 - 4 可以发现，上海庙镇耕地地块从集约化状态变为中度破碎，城川镇耕地地块从中度破碎状态变集约化状态。结合图 7 - 5 各乡镇的耕地地块破碎度综合指数变化情况进行分析，可以发现昂素镇变化度最小，向集约化方向小幅度发生变化，敖勒召其镇耕地向中度破碎方向发生变化，城川镇向集约化方向发生变化，上海庙镇向破碎化发生大幅度变化。

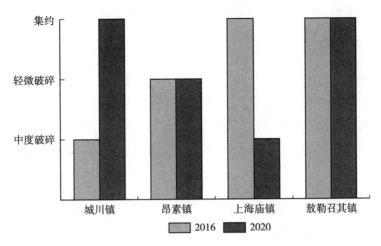

图 7-4　2016 年与 2020 年鄂托克前旗各乡镇耕地破碎度综合指数

注：耕地地块破碎度 W 有 3 个不同级别，当 $W<0.5$ 时表示耕地地块处于集约化状态，当 $0.5<W<0.6$ 时表示耕地地块处于轻微破碎状态，当 $0.6<W<0.7$ 时表示耕地地块处于中度破碎状态。

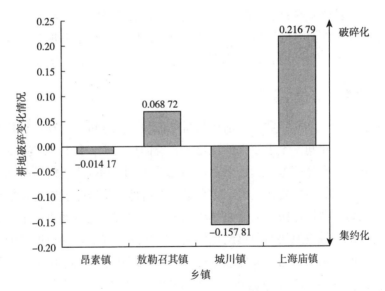

图 7-5　2016 年到 2020 年鄂托克前旗各乡镇耕地破碎度变化情况

　　分析其变化的可能原因有：①鄂托克前旗西北部地块个数增多，而西北部地区正位于上海庙镇，从前文分析可以发现，西北部农田都是小型地块，而正是这种小型地块的增加导致其耕地整体向破碎化发展。②城川镇位于毛乌素沙地腹地，自然条件较差，尤其是水资源匮乏，农田的集约化发展有利于发展节水农业，使当地能够更好地整合资源推动粮食产业发展。

（三）形状格局变化分析

圆形耕地是发展节水农业的标志之一，研究圆形耕地地块的数量变化对于当地农业的检测具有重要意义，本小节利用 Welzl 算法求取每个地块的最小外接圆，进而获取其圆形度指标，筛选出完整的圆形耕地，分析其变化情况。

通过对每一个地块求取最小外接圆，利用以下公式获取耕地的圆形度。

$$Q = \frac{S_d}{S_c} \qquad (7-13)$$

当耕地地块表现为圆形时，圆形度 Q 的值大于 0.7，通过这一阈值来获取不同年份的圆形耕地地块数量。

通过计算最小外接圆得到了 2016 年和 2020 年所有耕地圆形度指标 Q，当 $Q>0.7$ 时，所获得的耕地为圆形耕地。通过筛选得到 2016 年圆形耕地数目为 431 个，2020 年圆形耕地数目为 635 个，增加了 204 个完整的圆形耕地。圆形耕地是喷灌的典型标志，这也表明了鄂托克前旗在进行农业发展时结合当地资源条件，大力发展节水农业。需要注意的是，此处所提取得到的圆形耕地为这一年内全部被农作物覆盖的耕地，在前期观察影像的过程中发现有部分圆形耕地只种植了 75%、50% 或者 25% 面积的农作物，这种不在本小节的讨论范围内。

（四）小结

在 2016 年到 2020 年鄂托克前旗的耕地地块变化分析中发现，鄂托克前旗的耕地地块这几年间发生了较大的变化。在空间格局上，2016 年与 2020 年耕地的空间分布存在显著差异。在景观格局上，从 CRITIC 法对指标的赋权结果来看，表征形状的指标变化最大，结合最后的耕地地块破碎度综合指数可以发现，位于毛乌素沙地边缘的上海庙镇耕地地块面向破碎化发展，位于毛乌素沙地腹地的城川镇耕地地块面向集约化发展。在形状格局上，圆形地块的增长表明了当地贯彻节水农业的发展理念，也佐证了遥感技术可以应用于农田地块的形状变化监测。

三、农作物类型遥感识别

鄂托克前旗为内蒙古自治区 33 个牧业旗之一，地处北纬 37 度农牧业生产黄金线上。该旗属中温带半干旱荒漠化草原气候，具有太阳辐射大、日照时数长、春暖快且夏热短等特点，拥有优良的农业气候条件，对于发展绿色有机农牧业具有突出优势，是国内少有的优质果蔬"黄金种植地带"。

鄂托克前旗主要粮食作物类型为玉米，各村均进行大规模种植，主要经济作物有辣椒、马铃薯和萝卜等。此外，鄂托克前旗也有大规模的苜蓿种植，拥有完善的饲草料产业链体系。农作物类型空间分布信息是开展长势监测、产量估算以及种植结构调整相关工作的重要基础数据。本小节在鄂托克前旗耕地地块提取基础上，进一步构建遥感时序光谱特征集，基于实地采集的农作物空间样本训练随机森林机器学习模型，获取鄂托克前旗地块尺度上农作物类型识别结果。

（一）农作物类型空间样本

本次调研对鄂托克前旗农作物空间样本进行了数据采集。鄂托克前旗的耕地主要成片聚集分布于西南部、东部以及中部区域，其他区域耕地分布极少。实地调研采集农作物样本共 650 个（图 7-6），其中，玉米样本数量最多，为 206 个，在采样区各处均有分布。辣椒样本数量为 106 个，同样也在鄂托克前旗各个地区均有分布。收集苜蓿样本共 85 个，马铃薯样本共 72 个，这两类作物也广泛分布于各个乡镇。麻黄样本共收集 95 个，该类作物样本主要集中分布于鄂托克前旗的敖勒召其镇。实地采集萝卜样本 56 个，主要集中分布于敖勒召其镇。共采集葵花空间样本 30 个，样本总数最少，绝大多数位于城川镇东部。

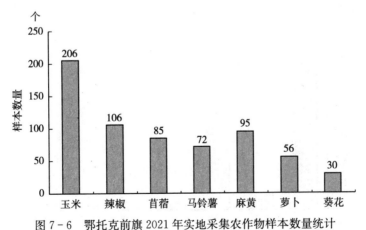

图 7-6　鄂托克前旗 2021 年实地采集农作物样本数量统计

（二）遥感识别农作物空间分布

获取 2021 年 Sentinel-2 遥感影像，计算耕地地块尺度上 NDVI、EVI 和

LSWI 等植被指数特征的时间序列。同时，结合遥感影像可见光波段、近红外波段以及红边波段等共同构建鄂托克前旗农作物分类光谱特征集。将实地采集的农作物空间样本划分为训练集和验证集，基于训练样本提取多维分类特征并输入机器学习方法中的随机森林模型进行多轮模型训练，获取最优农作物分类模型。基于分类模型和时间序列遥感影像进行预测，对鄂托克前旗地块尺度农作物类型进行识别。

通过遥感识别可以发现，鄂托克前旗耕地资源主要集中分布于西南部、中南部以及东南部区域，其他区域呈现零散式分布。上海庙镇主要种植玉米和苜蓿，其他农作物空间分布面积较小，作物主要集中分布于该镇南部，而其他大片区域极少有农作物种植。敖勒召其镇农作物类型多样，有较大规模的玉米、麻黄和马铃薯种植，同时也有一定规模的辣椒和萝卜种植，农作物种植主要集中在该镇西部地区。城川镇全镇各处均有一定规模的农作物种植，在东南部区域尤为聚集，种植规模较大，该镇作物类型以玉米为主，苜蓿种植规模也较大，其他类型作物种植面积较小。昂素镇因其境内主要以沙漠、沙地为主，少有大规模农作物种植区，农作物类型主要为苜蓿和玉米。

鄂托克前旗 2021 年农作物种植面积遥感监测结果如图 7-7 所示，玉米种植面积最大，达到了 57.9 万亩。苜蓿种植面积处于第二位，约为 32.7 万亩。麻黄种植面积排名第三位，为 14.7 万亩。马铃薯和辣椒的种植面积相对前三种作物而言规模略小，分别为 7.5 万亩和 5.6 万亩。萝卜和葵花种植规模最小，分别为 1.4 万亩和 0.8 万亩。

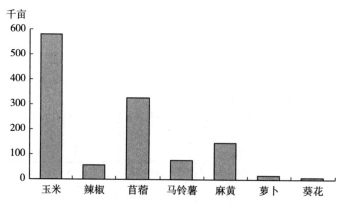

图 7-7　2021 年鄂托克前旗农作物面积遥感监测结果

基于实地采集的农作物空间样本验证 2021 年鄂托克前旗农作物遥感识别精度，选取指标包含制图精度、用户精度以及总体精度，如表 7-6 所示。制图精度高低表征农作物识别漏分误差，用户精度表征错分误差，总体精度表征整体识别效果。在七类主要作物类型中，除了葵花因种植面积较小、种植格局较为破碎以及实地样本少等因素使得制图精度较低外，其他作物类型制图精度均在91%以上。七类作物识别结果用户精度均超过92%，表明作物类型识别精准度较高，错分情况较少。总体识别精度达到94.92%。

表7-6　2021年鄂托克前旗农作物遥感识别精度评价（%）

评价指标	农作物类型						
	玉米	辣椒	苜蓿	马铃薯	麻黄	萝卜	葵花
制图精度	96.94	92.13	92.73	91.76	98.97	98.20	66.67
用户精度	95.96	92.66	94.88	93.98	95.54	95.35	100
总体精度				94.92			

（三）小结

本小节通过实地调研采集数据对鄂托克前旗耕地资源以及农作物种植结构宏观特征进行了简要分析，同时利用遥感监测技术对鄂托克前旗农作物类型空间分布面积进行了精准提取。从总体上看，粮食作物玉米的种植规模在鄂托克前旗最大，其次为饲草原料苜蓿。经济作物种类多样，包含麻黄、辣椒、马铃薯等，但种植规模相对较小。

四、农作物长势监测

（一）长势指标集构建

利用卫星遥感监测农作物长势，主要是基于卫星遥感反演的农作物参数，例如植被指数或叶面积指数等，实现农作物生长状况以及动态变化的大范围快速监测。归一化差值植被指数（NDVI）是一种最常用的植被指数，对于植被覆盖度、生长状况、生产潜力以及各项生物物理、生物化学特征都较为敏感，已被广泛应用于土地利用监测、植被覆盖密度评价、作物识别和作物产量预报等工作。

获取2021年鄂托克前旗作物生长季Sentinel-2影像，计算每景影像的NDVI值，按照每10天一个周期的频率对高质量影像进行NDVI中值合成，构建长势监测指标数据集。在生长季初期，例如5月，大多数农作物还处于未种植状态或者种植初期，植被覆盖度较低，此阶段耕地区域NDVI值偏低。

到了生长旺盛期，例如 8 月，各类作物生长繁茂、植被覆盖度较高，此阶段耕地区域 NDVI 值会显著增大。

（二）主要农作物长势信息监测

基于地块尺度农作物识别结果和 NDVI 时间序列数据集，统计了鄂托克前旗主要农作物类型在 2021 年生长季的长势变化特征，如图 7-8 所示。玉米约在 6 月初开始种植，6 月至 7 月快速生长，并于 7 月末达到 NDVI 峰值，其后进入生长后期，NDVI 值逐渐降低。整体上，2021 年鄂托克前旗玉米长势指标波动范围较小，各地玉米长势水平差异不大，绝大多数玉米生长期 NDVI 峰值远超 0.6 并且接近 0.7，长势水平良好。辣椒的种植节点、生长规律、长势水平以及长势波动情况等均与玉米高度相似。苜蓿的种植时间早于玉米和辣椒，于 5 月初开始种植，种植周期相对较长，在 8 月中旬达到生长峰值状态，但其 NDVI 峰值水平较低，低于玉米和辣椒，多数位于 0.6 左右。此外，在全旗统计范围内来看，苜蓿长势水平波动范围较大，部分苜蓿长势水平远低于均值水平。马铃薯种植节点以及生长规律同玉米和辣椒相似，长势波动范围也较小，但马铃薯生长期 NDVI 峰值远高于玉米和辣椒，平均值接近 0.8，在所有作物类型中处于最高水平。麻黄于 5 月初开始种植，在 8 月中旬达到生长峰值状态，但其平均 NDVI 峰值低于 0.5，远低于其他主要作物类型，且麻黄整体长势水平波动也较大。

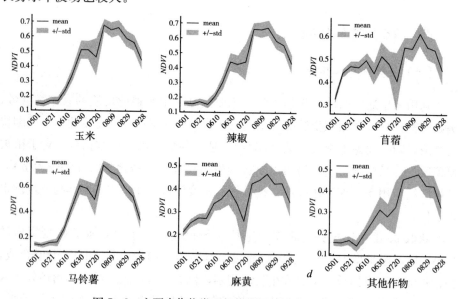

图 7-8　主要农作物类型长势指标时间序列变化曲线

（三）小结

本小节通过遥感反演农作物植被指数的技术方法，对鄂托克前旗农作物2021年生长季长势变化特征进行了简要分析。从总体上看，玉米、辣椒和马铃薯的种植节点、生长规律以及长势变化等都较为相似，且长势水平在所有作物类别中处于较高水平。苜蓿和麻黄相比于前述三类作物而言生长期更长，长势指标水平低于另外三者，同时长势波动范围也略大于另外三类作物。

五、结论与政策建议

（一）结论

综合上述分析，可以得出以下结论：

（1）鄂托克前旗地块变化情况显著。西北地区的地块个数增量最多，而东南地区的地块面积增量最多，地块数目质心的移动与样方分析、核密度分析相佐证。进一步结合乡镇尺度上的面积质心分析来看，城川镇向西北方向移动距离最大，但全旗尺度的面积质心点向东南地区移动，表明当地耕地面积向城川镇北部移动。

（2）从2016年到2020年，地块在形状尺度上发生了较大的变化。结合最后的耕地地块破碎度综合指数，可以发现，位于毛乌素沙地边缘、黄河水畔的上海庙镇耕地地块向破碎化方向发展，位于毛乌素沙地腹地的城川镇耕地地块向集约化方向发展。此外，圆形地块的增长表明了当地贯彻节水农业的发展理念。

（3）鄂托克前旗种植结构相对单一和集中，以粮食作物为主，其中又以玉米为主导作物类型，其种植面积约占农作物种植总面积的五成。另一种主要农作物类型是苜蓿，其占比接近三成。其他作物主要为经济作物，例如辣椒、马铃薯和麻黄等，但种植规模较小。

（4）2021年鄂托克前旗主要粮食作物玉米长势水平良好，且在全旗范围内来看长势差异不大。然而，作为牧草饲料来源的苜蓿以及部分经济作物（如麻黄）的长势指标波动范围较大，表明存在部分区域长势水平较低的情况。

（二）政策建议

针对上述研究结论，提出如下几点政策建议：

（1）调整耕地分布，根据地形地貌和水热资源合理划分种植耕地，提高耕地高产率。

（2）加强圆形耕地的变化监测。圆形耕地可以定量反应节水型农业的发展变化，通过监测圆形耕地的变化来督促当地节水农业的发展。

（3）优化种植结构。根据气候条件、地形地貌特点对农作物种植结构进行调整，引导发展优质果蔬种植区。

（4）加大关注牧草以及经济作物生长过程监测。对主要粮食作物大力投入，获取较高的粮食产量和收益，对于保障国家粮食安全有着重要意义。与此同时，也应加大对于苜蓿以及其他多类经济作物种植过程的监督力度，对于各种植环节定期跟踪，及时反馈年内长势动态，以更好地促进牧草产业以及果蔬行业的发展。

参 考 文 献

桂伟峰，2017. 景东县大街镇低效茶地改良探讨 [J]. 绿色科技 (21)：89 - 91.

纪明山，2011. 农药在现代化农业中的作用 [J]. 环境保护与循环经济，31 (3)：31 - 33.

江进德，赵雪雁，张丽，等，2012. 农户对替代生计的选择及其影响因素分析——以甘南黄河水源补给区为例 [J]. 自然资源学报，27 (4)：552 - 564.

李斌，李小云，左停，2004. 农村发展中的生计途径研究与实践 [J]. 农业技术经济 (4)：10 - 16.

庞辉，2015. 农户农业投入产出的分析 [J]. 当代经济 (20)：48 - 49.

王梦晗，苏明明，2022. 中国省际居民生计资本的网络结构及影响因素 [J]. 经济地理，42 (5)：36 - 44＋94.

熊航，2021. 智慧农业概论 [M]. 北京：中国农业出版社.

熊航，何煦，吴恩喆，等，2023. 我国智能水肥一体化系统发展面临的挑战及其对策：基于博弈论的分析 [J]. 华中农业大学学报，42 (3)：18 - 28.

杨国永，管曦，许文兴，2018. 农民工回乡建房动机及其类型分析——基于福建省农民工流出地的调查 [J]. 中国农业大学学报，23 (12)：232 - 248.

赵雪雁，2012. 社会资本测量研究综述 [J]. 中国人口·资源与环境，22 (7)：127 - 133.

曾启，1991. 农户农业投入产出的分析与研究 [J]. 农业经济问题 (4)：28 - 32.

附录 2020—2022 年华北农业农村现代化调研参与人员名单

2020 年参与人员名单

参与教师（以姓氏拼音为序）

陈 琳 郭再华 李 凡 李谷成 芦旭然 青 平 熊 航 颜廷武 游良志
张 博 镇志勇

参与学生（以姓氏拼音为序）

白锦恒 蔡诗佳 曹梦微 程静梅 窦龙跃 樊梦露 冯露通 高 亮 高 龙
韩佳莉 韩清江 韩 宇 贺嘉欣 胡晓晓 皇甫冰玉 江鹏 焦 舜 康 倩
兰慧军 李格格 李孟奇 李瑞雪 李晓慧 梁 威 刘琛媛 刘嘉辉 刘伟欣
刘新宇 罗 婧 马梓聪 苗毅灵 牛淑慧 潘珈承 任 璐 沈思利 宋亚飞
宋亚琼 孙昌经 孙雪嵩 谭晓艳 陶 慧 田铭君 田雅莹 王 武 王 宇
吴广杰 肖子洁 谢 青 邢 娟 徐 静 徐 龙 许 诺 闫超众 闫 华
杨 鸣 杨 鑫 于岩飞 张静静 张 鑫 张怡冉 张雨萌 张 裕 赵 爽
赵雯歆 赵雅琴 周凯爽 周雪辰 庄裕婷

2021 年参与人员名单

参与教师（以姓氏拼音为序）

陈 琳 李 凡 李谷成 刘笑天 青 平 熊 航 颜廷武 游良志 镇志勇

参与学生（以姓氏拼音为序）

蔡志文 陈亚萌 邓 磊 冯露通 郭艺锋 韩慧姣 江 鹏 鞠 聪 李彩云
李 静 刘金玲 刘驭棋 吕 纯 潘珈承 沈思利 谭晓艳 陶 慧 田 芳

魏浩东　温佳欢　伍生辉　夏　梦　夏雪婷　许世杰　杨力超　杨　鑫　张劲松
张晓雯　张欣仪　张玉瑶　赵雅琴　智晓红

2022 年参与人员名单

参与教师（以姓氏拼音为序）

李　凡　李谷成　芦旭然　青　平　熊　航　颜廷武　游良志　镇志勇　张　博

参与学生（以姓氏拼音为序）

白锦恒　曹　鑫　曹悦婷　柴嫃嫃　陈柏杞　陈　晨　陈华星　陈　建　陈龙飞
陈梦雨　陈　鑫　陈雨欣　程丹阳　崔梦梦　杜明超　段显卫　范玉清　冯珏琳
冯露通　冯梓洋　付文静　高飞宇　韩　娜　韩帅奇　郝斯巴根　郝小芳　贺　睿
胡华璐　黄美琴　蒋洁洁　焦　琪　靳　翀　康启新　李　冰　李　建　李梦雪
李奇松　李　青　李维声　李雪娜　李玉双　李章顺　刘艾欣　刘兵兵　刘常平
刘　虹　刘利生　刘　锐　刘驭棋　卢晓蕊　鲁姊文　罗素敏　吕艾昱　马斯琳
苗佳祥　苗帅飞　母鑫越　欧阳心悦　邱佳銮　邱子健　曲　帅　任亚萍　陕　燕
沈思利　施连哲　舒锦坤　宋佳科　孙　林　孙梦健　万　超　王邯阳　王　菏
王晶晶　王　璐　王　瑞　王晓强　王译昕　王雨昊　王雨婷　魏瑞洁　温景勃
吴小燕　夏　梦　项甜甜　谢观雨地　熊丹丽　熊翰文　闫冀含　闫首君　杨兵洁
杨开心　杨丽雪　杨美玲　杨欣源　杨　鑫　杨学淦　于雅雯　郁璐璐　张　凤
张慧敏　张景山　张　坤　张鹏飞　张　冉　张晓雯　张芯语　张亚楠　张战晨
赵晨钰　赵鹤茹　赵可心　赵　雪　仲凯健　朱浩然

图书在版编目（CIP）数据

农业农村现代化调研报告. 华北卷：2020—2022 /
华中农业大学经济管理学院，华中农业大学宏观农业研究
院编著. —北京：中国农业出版社，2023.6
　　ISBN 978-7-109-30751-3

　　Ⅰ.①农…　　Ⅱ.①华…②华…　　Ⅲ.①农业现代化—
调查报告—中国—2020—2022②农村现代化—调查报告—中
国—2020—2022　　Ⅳ.①F320.1

中国国家版本馆 CIP 数据核字（2023）第 094155 号

农业农村现代化调研报告．华北卷：2020—2022

NONGYE NONGCUN XIANDAIHUA DIAOYAN BAOGAO. HUABEIJUAN：2020—2022

中国农业出版社出版
地址：北京市朝阳区麦子店街 18 号楼
邮编：100125
责任编辑：闫保荣　　文字编辑：何　玮
版式设计：杨　婧　　责任校对：张雯婷
印刷：北京中兴印刷有限公司
版次：2023 年 6 月第 1 版
印次：2023 年 6 月北京第 1 次印刷
发行：新华书店北京发行所
开本：700mm×1000mm　1/16
印张：10.25
字数：185 千字
定价：68.00 元